KB0338804

밥상머리 일본어 회화

밥상머리 일본어 회화

초판 1쇄 인쇄   2021년 10월 25일
초판 1쇄 발행   2021년 11월 3일

지은이	김하경
발행인	임충배
홍보/마케팅	양경자
편집	김민수
디자인	정은진
펴낸곳	도서출판 삼육오(PUB.365)
제작	(주)피앤엠123

출판신고 2014년 4월 3일
등록번호 제406-2014-000035호

경기도 파주시 산남로 183-25
TEL 031-946-3196 / FAX 031-946-3171
홈페이지   www.pub365.co.kr

ISBN 979-11-90101-73-8 13730
© 김하경 & 2021 PUB.365

· 저자와 출판사의 허락 없이 내용 일부를 인용하거나 발췌하는 것을 금합니다.
· 저자와의 협의에 의하여 인지는 붙이지 않습니다.
· 가격은 뒤표지에 있습니다.
· 잘못 만들어진 책은 구입처에서 바꾸어 드립니다.
· 이 책의 본문은 '을유1945' 서체를 사용했습니다.

밥상머리 일본어 회화

저자 김하경

::::: Pub.365

밥상에서 배우는 기초 일본어

작가의 말

"강의는 언제나 짜릿해. 새로워."

제가 11년간 학생들을 가르칠 수 있었던 원동력입니다. 하지만 일본어를 11년 동안 가르치면서 "왜 이런 걸 알려주는 책이 없을까?", "왜 반말과 존댓말을 함께 비교해가며 설명해주는 책이 없을까?" 등 기초회화교재에 대한 아쉬움과 의문점들이 많았습니다.

그래서 '내가 직접 가르쳐주는 것 같은 교재가 있었으면 좋겠다.'로 시작했습니다. 많은 사람들이 기초회화를 쉽게 이해하고, 부담스럽지 않게 시작할 수 있으면 참 좋겠다는 생각으로, 또 저를 거쳐 간 수많은 학생들이 가장 잘 따라오던 방법을 토대로 내용을 꾸며 보았습니다.

그렇게 탄생한 「밥상머리 일본어」는 홀로 기초 일본어 회화를 공부하고 싶은 분들을 위해 집필한 책입니다. 회화를 배우고 싶어 하는 분들의 경우, 단지 언어만을 배우고자 하는 분들은 없습니다. 어떠한 뉘앙스로 말해야 하는지, 같은 듯 다른 어휘들의 차이는 무엇인지, 일본인들이 실제로 어떤 표현을 많이 사용하는지 궁금해하는 경우가 많습니다. 그 가려운 부분을 긁어드리기 위해 고민하며 집필했습니다. 학원에 다니지 않아도, 시간을 내서 과외를 받지 않아도 이 책 한 권만으로 충분히 기초 일본어 회화를 마스터할 수 있도록 구성했습니다.

모국어가 아닌 외국어로 의사를 전달하기 위해서는 문화와 언어에 대한 이해를 바탕으로 상황에 맞는 적절한 단어를 선택하여 문장을 구성해야 합니다. 본 교재는 학습자의 입장에서 딱딱한 문법만으로 언어를 이해하기보다는 상황을 통해 이해하고, 직접 스스로 응용하여 실생활에서 자유자재로 구사할 수 있도록 집필했습니다.

따라서, 본 교재는 기존의 기초회화교재와 구성이 많이 다를 수 있습니다.

1 밥을 먹으면서도 할 수 있는 가장 기본적이고 일상적인 대화 주제 자체에 포커스를 맞추고자 했으며,

2 문법이 달라서 자칫 다르게 느껴질 수 있는 반말 표현과 존댓말 표현을 함께 묶어 예문을 통해 보여줌으로써, 상황에 대한 이해를 바탕으로 적절한 상황에서 사용할 수 있도록 구성했습니다.

❸ 그동안 학생들에게 가장 많이 받았던 질문 중, 궁금하지만 잘 알려주지 않는 뉘앙스의 차이, 문화의 차이에서 오는 언어 표현의 차이 등을 별도의 공간을 마련하여 정리했습니다.

이 책을 가장 효과적으로 공부할 수 있는 방법은 다음과 같습니다.

(필수 어휘 암기)　　　　　　　　　언어의 기본은 단어입니다. 일상에서 많이 쓰는 언어들을 익힐 수 있게 정리했습니다. 처음부터 외우고자 하지 않더라도 여러 번 읽고, 직접 어휘들을 사용해서 스스로 문장을 만들어보면 오래 기억에 남습니다.

(반말과 존댓말 함께 이해하기)　　　　이 책의 가장 특징적인 부분으로, 뉘앙스의 차이와 더불어 문법적 차이를 한 번에 비교하면서 이해할 수 있습니다. 한국어와 마찬가지로 일본어는 상대에 따라 반말과 존댓말을 구분 지어 사용하기 때문에 함께 알고 있으면 응용하기에도 좋습니다.
　아직 처음이라 낯설고 반말의 사용 빈도가 적을 것 같다는 생각이 들면, 존댓말 부분 먼저 1회독하는 것을 추천해 드립니다. 2회독 때에는 부담 없이 전체적으로 다가갈 수 있을 것이라 기대합니다.

(직접 문장 만들어보기)　　　　　　본 교재에서는 학습자들이 직접 많은 응용을 해볼 수 있도록 '학습 후 CHECK' 나 예문 등에서 같은 문장은 되도록 다루지 않았습니다. 회화표현에서 사용된 기초문법을 바탕으로 스스로 문장을 만들어 보는 것이 오래 기억에 남습니다. 특히, 학습자가 실생활에서 사용할 만한 말들로 문장을 만들어 보는 것이 가장 좋습니다.

　위와 같은 학습을 통해, 자칫 어려울 수 있는 '회화'가 조금이라도 친근하게 여러분께 다가갈 수 있기를 기대해 봅니다. 또한, 본 교재를 통해 일본어 실력이 향상되고, 일본어에 대한 이해에 있어서 큰 도움이 될 수 있기를 바랍니다.
　마지막으로 이 책이 발간되기까지 많은 격려와 도움을 주신 임충배 대표님과 출판부 관계자분들, 이수영 대표님, 그리고 늘 곁에서 힘이 되어주신 가족들과 지인분들에게 감사드립니다.

김하경

학습 방법

1 본격적인 학습에 앞서 필수로 알아야 할 어휘와 예문을 익히고 빈칸을
채워 넣어 보세요. 생생한 원어민 음성도 함께해요.

2 밥상머리 일본어의 핵심 회화 표현을 학습해 보세요. 왼편에는 반말 상황,
오른편에는 존댓말 상황으로 구성했어요. 대화를 듣고 비교해 보세요.

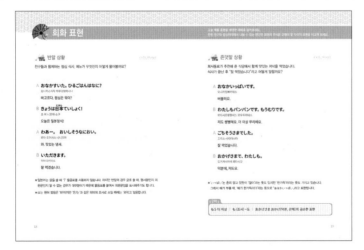

MP3
듣기 / 다운로드

속표지의 QR코드를 찍으면
MP3 파일이 제공됩니다.

3 방금 배운 핵심 회화 표현에서 잘 모르는 내용이 있더라도 걱정 마세요.
'짚고 넘어가는 문법'을 통해 한층 더 깊이 이해할 수 있으니까요.

4 '학습 후 Check'를 통해 배운 내용을 다시 한번 확인해 보세요. '궁금한데
잘 알려주지 않는 일본어'에서는 일상 일본어의 귀한 팁을 배울 수 있어요.

목차

01 히라가나

일본어는 히라가나와 가타카나, 그리고 한자로 표기합니다. 오늘날 사용하고 있는 히라가나는 총 46개입니다. 히라가나는 가장 기본적인 일본어 문자로, 제일 먼저 숙지할 수 있도록 합시다.

	あ단	い단	う단	え단	お단
あ행	あ 아 a	い 이 i	う 우 u	え 에 e	お 오 o
か행	か 카 ka	き 키 ki	く 쿠 ku	け 케 ke	こ 코 ko
さ행	さ 사 sa	し 시 si	す 스 su	せ 세 se	そ 소 so
た행	た 타 ta	ち 치 chi	つ 츠 tsu	て 테 te	と 토 to
な행	な 나 na	に 니 ni	ぬ 누 nu	ね 네 ne	の 노 no
は행	は 하 ha	ひ 히 hi	ふ 후 hu	へ 헤 he	ほ 호 ho
ま행	ま 마 ma	み 미 mi	む 무 mu	め 메 me	も 모 mo
や행	や 야 ya		ゆ 유 yu		よ 요 yo
ら행	ら 라 ra	り 리 ri	る 루 ru	れ 레 re	ろ 로 ro
わ행	わ 와 wa				を 오 wo
	ん 응 n				

02 가타카나

히라가나를 익혔다면, 가타카나를 외울 차례입니다. 일본어는 외국어를 그대로 차용해서 쓰는 경우가 많은데, 그때 외래어를 가타카나로 표기합니다. 혹은 의성어나 의태어를 표기할 때, 또는 어떤 단어나 말을 강조하고 싶을 때 사용합니다. 히라가나와 구성과 발음은 같지만 쓰임새가 다르다는 점 기억해두세요.

	ア단	イ단	ウ단	エ단	オ단
ア행	ア 아 a	イ 이 i	ウ 우 u	エ 에 e	オ 오 o
カ행	カ 카 ka	キ 키 ki	ク 쿠 ku	ケ 케 ke	コ 코 ko
サ행	サ 사 sa	シ 시 si	ス 스 su	セ 세 se	ソ 소 so
タ행	タ 타 ta	チ 치 chi	ツ 츠 tsu	テ 테 te	ト 토 to
ナ행	ナ 나 na	ニ 니 ni	ヌ 누 nu	ネ 네 ne	ノ 노 no
ハ행	ハ 하 ha	ヒ 히 hi	フ 후 hu	ヘ 헤 he	ホ 호 ho
マ행	マ 마 ma	ミ 미 mi	ム 무 mu	メ 메 me	モ 모 mo
ヤ행	ヤ 야 ya		ユ 유 yu		ヨ 요 yo
ラ행	ラ 라 ra	リ 리 ri	ル 루 ru	レ 레 re	ロ 로 ro
ワ행	ワ 와 wa				ヲ 오 wo
	ン 응 n				

03   탁음 / 반탁음

탁음은 か행, さ행, た행, は행의 문자 오른쪽 윗부분에 ˝를 부여 표기하고, 반탁음은
は행의 문자 오른쪽 윗부분에 °를 붙여서 표기합니다. 히라가나와 가타카나 모두 동일
합니다.

탁음	が ガ 가 ga	ぎ ギ 기 gi	ぐ グ 구 gu	げ ゲ 게 ge	ご ゴ 고 go
	ざ ザ 자 za	じ ジ 지 zi	ず ズ 즈 zu	ぜ ゼ 제 ze	ぞ ゾ 조 zo
	だ ダ 다 da	ぢ ヂ 지 di	づ ヅ 즈 du	で デ 데 de	ど ド 도 do
	ば バ 바 ba	び ビ 비 bi	ぶ ブ 부 bu	べ ベ 베 be	ぼ ボ 보 bo
반탁음	ぱ パ 파 pa	ぴ ピ 피 pi	ぷ プ 푸 pu	ぺ ペ 페 pe	ぽ ポ 포 po

05   요음

요음은 い단인 　き, し, ち, に, ひ, み, り, ぎ, じ, び, ぴ 옆에 や, ゆ, よ를 작게 써서
표기합니다. い단 옆에 작게 표기된 ゃ, ゅ, ょ는 우리말의 ㅑ, ㅠ, ㅛ와 같은 역할을 합
니다. 요음 또한 히라가나와 가타카나 모두 동일합니다.

きゃ キャ 캬	きゅ キュ 큐	きょ キョ 쿄	ぎゃ ギャ 갸	ぎゅ ギュ 규	ぎょ ギョ 교
しゃ シャ 샤 sya	しゅ シュ 슈 syu	しょ ショ 쇼 syo	じゃ ジャ 쟈 zya	じゅ ジュ 쥬 zyu	じょ ジョ 죠 zyo
ちゃ チャ 챠 tya	ちゅ チュ 츄 tyu	ちょ チョ 쵸 tyo	にゃ ニャ 냐 nya	にゅ ニュ 뉴 nyu	にょ ニョ 뇨 nyo
ひゃ ヒャ 햐 hya	ひゅ ヒュ 휴 hyu	ひょ ヒョ 효 hyo	びゃ ビャ 뱌 bya	びゅ ビュ 뷰 byu	びょ ビョ 뵤 byo
ぴゃ ピャ 퍄 pya	ぴゅ ピュ 퓨 pyu	ぴょ ピョ 표 pyo	みゃ ミャ 먀 mya	みゅ ミュ 뮤 myu	みょ ミョ 묘 myo
りゃ リャ 랴 rya	りゅ リュ 류 ryu	りょ リョ 료 ryo			

04 촉음

つ를 작게 표기한 것이 촉음입니다. 우리말의 받침 역할을 하는데, 이 っ 는 뒤에 오는 자음의 종류에 따라 4가지로 발음합니다. 히라가나와 가타카나 모두 동일합니다.

1 か행 앞에서 ㄱ 받침으로 발음
がっこう 각꼬- 학교　にっき 닉키 일기

2 さ행 앞에서 ㅅ 받침으로 발음
いっさい 잇사이 한 살　じっさい 짓사이 실제

3 た행 앞에서 ㄷ 받침으로 발음
ぜったい 젣타이 절대　おっと 옫또 남편

4 ぱ행 앞에서 ㅂ 받침으로 발음
いっぱい 입빠이 많이　きっぷ 킵푸 표

06 장음

일본어는 길게 발음하냐 짧게 발음하냐에 따라 단어의 뜻이 달라질 때가 있습니다. 이를 장음, 단음이라고 하는데 장음은 음절을 하나하나 끊어 발음하지 않고 한 음처럼 길게 소리 냅니다.

1 あ단 뒤에 あ가 오는 경우
おかあさん 오까-상 어머니
おばあさん 오바-상 할머니

2 い단 뒤에 い가 오는 경우
おにいさん 오니-상 오빠,형
おじいさん 오지-상 할아버지

3 う단 뒤에 う가 오는 경우
ゆうがた 유-가타 저녁
くうき 쿠-키 공기

4 え단 뒤에 え 또는 い가 오는 경우
おねえさん 오네-상 언니,누나
せんせい 센세- 선생님

5 お단 뒤에 お 또는 う가 오는 경우
おとうさん 오또-상 아버지
おおさか 오-사카 (지명)오사카

6 요음 뒤에 う가 오는 경우
きゅうり 큐-리 오이
ちゅうおう 츄-오- 중앙

TIP 가타카나의 장음은 'ー'로 표기합니다.　コーヒー　ケーキ

07 발음

발음 ん는 우리말의 받침과 비슷한 역할을 하며, ん 뒤에 오는 음절에 따라 ㅇ, ㄴ, ㅁ으로 발음합니다.

1 さ,ざ,な,た,だ,ら행 앞에서는 'ㄴ' 소리

しんせつ 신세츠 친절

べんり 벤리 편리

みんな 민나 모두

2 ま,ば,ぱ행 앞에서는 'ㅁ' 소리

かんぱい 캄빠이 건배

しんぶん 심분 신문

しんぱい 심빠이 걱정

3 나머지는 모두 'ㅇ' 소리

おんがく 옹가쿠 음악

でんわ 뎅와 전화

かんこく 캉코쿠 한국

1강

いただきます。
잘 먹겠습니다.

MP3
듣기 / 다운로드

생각해 보세요

Q1. '배고파.' 어떻게 표현할까요?

Q2. 식사 전, 식사 후, 예의를 표하는 인사
　　가 있을까요?

필수 어휘

오늘 배울 표현에 대한 필수 어휘입니다. 다음 빈칸에 들어갈 말을 직접 써보세요.　🎧 01_01.mp3

독음	일본어	한국어
와타시	わたし	나
	あなた	당신
나니/난		무엇
히루		낮
	ごはん	밥
히루고항	ひるごはん	
쿄-	きょう	
	日本	일본
	ていしょく	정식
니오이	におい	
오카게		덕분, 은혜
무리		무리
타쿠상	たくさん	많이
입빠이	いっぱい	
오이시이		맛있다
	おなか	배
스쿠	すく	

🌸 정답 🌸

아나타 │ 나니・난 │ 히루 │ 고향 │ 점심 밥 │ 오늘 │ 니혼 │ 테-쇼쿠 │ 냄새

│ 오카게 │ 무리 │ 많이 │ 오이시이 │ 오나카 │ 고프다

🐼 필수 예문

01_02.mp3

01
저는 학생입니다.
わたしはがくせいです。

02
당신은 선생님입니까?
あなたはせんせいですか。

03
점심은 무엇입니까?
ひるごはんはなんですか。

04
키무라 씨는 회사원이었습니다.
きむらさんはかいしゃいんでした。

05
맛있습니다.
おいしいです。

🌲 단어 🌲

がくせい 학생 ｜ せんせい 선생님 ｜ かいしゃいん 회사원

17

회화 표현

 반말 상황　　　　　　　　　　　　　🔊 01_03.mp3

친구들과 함께하는 점심 식사, 메뉴가 무엇인지 어떻게 물어볼까요?

A おなかすいた。ひるごはんはなに？

오나카스이타 히루고항와나니

배고프다. 점심은 뭐야?

B きょうは日本ていしょく！
　　にほん

쿄-와 니혼테-쇼쿠

오늘은 일본정식!

A わあー。　おいしそうなにおい。

와아 오이시소-나니오이

와. 맛있는 냄새.

B いただきます。

이타다키마스

잘 먹겠습니다.

● 일본어는 글을 쓸 때 '?' 물음표를 사용하지 않습니다. 하지만 반말의 경우 글로 쓸 때, 평서문인지 의문문인지 알 수 없는 경우가 대부분이기 때문에 물음표를 붙여서 의문문임을 표시해주기도 합니다.

● は는 원래 발음은 '하'이지만 '은/는'과 같은 의미의 조사로 쓰일 때에는 '와'라고 발음합니다.

오늘 배울 표현을 생생한 대화로 들어보세요.
친한 친구와 밥상머리에서 나눌 수 있는 편안한 표현과 격식을 갖춰야 할 자리의 표현을 비교해 보세요.

존댓말 상황

🎧 01_04.mp3

회사동료가 추천해 준 식당에서 함께 맛있는 저녁을 먹었습니다.
식사가 끝난 후 "잘 먹었습니다"라고 어떻게 말할까요?

A **おなかいっぱいです。**

오나카입빠이데스

배불러요.

B **わたしもパンパンです。もうむりです。**

와타시모팡팡데스 모우무리데스

저도 빵빵해요. 더 이상 무리예요.

A **ごちそうさまでした。**

고치소-사마데시타

잘 먹었습니다.

B **おかげさまで、わたしも。**

오카게사마데 와타시모

덕분에, 저도요.

● 'いっぱい'는 흔히 알고 있듯이 '많이'라는 뜻도 있지만 '한가득'이라는 뜻도 가지고 있습니다.
그래서 배가 부를 때, '배가 한가득이다'라는 뜻으로 「おなかいっぱい」라고 표현합니다.

🌲 단어 🌲

もう 더 이상	も (조사) ~도	おかげさま おかげ(덕분, 은혜)의 공손한 표현

19

짚고 넘어가는 문법

01 명사 + ~다

명사를 현재 시제 평서문으로 만드는 방법은 명사 뒤에 だ를 붙이면 됩니다.

예 わたしはがくせいだ。나는 학생이다.

예 小林さんはせんせいだ。코바야시 씨는 선생님이다.

02 명사 + ~입니다

'명사+ ~だ'의 공손한 표현으로 '명사+です'를 사용하면 현재 시제를 정중하게 표현할 수 있습니다.

예 わたしはかいしゃいんです。저는 회사원입니다.

예 中村さんはがくせいです。나카무라 씨는 학생입니다.

03 명사 + ~ 야?

'명사+~야?'처럼 반말의 형태로 물을 때에는 보통 명사로 문장을 끝내면서 끝을 올려주면 됩니다. 혹은, 회화체로 なの를 붙이기도 합니다.

예 ひるごはんはなに？점심밥은 뭐야?

예 ひるごはんはなんなの？점심밥은 뭐야?

   * なん은 なに를 축약한 것으로 동일한 뜻입니다.

04 명사 + ~입니까?

명사 뒤에 ですか를 붙이면 '~ 입니까' 와 같이 정중하게 물을 수 있습니다.

예 あなたはがくせいですか。당신은 학생입니까?

예 田中さんはかいしゃいんですか。다나카 씨는 회사원입니까?

05 명사 + ~ 였다

명사 뒤에 だった를 붙이면 '~ 였다'와 같이 과거형으로 말할 수 있습니다.

예 わたしはがくせいだった。 나는 학생이었다.

예 なかむらさんはかいしゃいんだった。 나카무라 씨는 회사원이었다.

06 명사 + ~ 였습니다

명사 뒤에 でした를 붙이면 '~였습니다'와 같이 정중하게 과거형으로 말할 수 있습니다.

예 ひるごはんは日本（にほん）ていしょくでした。 점심밥은 일본정식이었습니다.

예 むりでした。 무리였습니다.
　　무리

07 명사 + 였습니까?

과거형인 '명사+だった'를 끝을 올려 말하거나 뒤에 の를 붙여 말하면 자연스럽게 상대방에게 물어볼 수 있으며 존댓말의 경우, '명사+でした' 뒤에 か를 붙이면 의문문으로 바꿀 수 있습니다.

예 ひるごはんはなんだったの？ 점심밥은 무엇이었어?

예 田中（たなか）さんはせんせいでしたか。 다나카 씨는 선생님이었습니까?

🐱 추가 표현

식사를 하기 전에 할 수 있는 인사표현으로 '잘 먹겠습니다' 이외에도 '맛있어 보입니다'라는 표현을 할 수 있습니다. 그땐 「おいしそうです」라고 하면 됩니다.

예 おいしそう。 맛있어 보여.

예 おいしそうです。 맛있어 보입니다.

학습 후 Check

Q₁ '배고프다' 어떻게 표현할까요?

· 배고파.

_____

Q₂ 식사 전, 식사 후 예의를 표하는 인사가 있을까요?

· 잘 먹겠습니다.

_____

· 잘 먹었습니다.

_____

* 외국인과 식사를 하면서 그 나라의 언어로 인사를 한다는 것은 상대방에게 최소한의 예의를
  갖추는 것이기 때문에 좋은 인상을 심어줄 수 있습니다. 암기해두고 직접 사용해 보시면 좋겠죠?

Q₃ 주어진 어휘에 해당하는 뜻을 알맞게 연결하세요.

1 わたし ·   · a 많이

2 あなた ·   · b 나

3 たくさん ·   · c 밥

4 ごはん ·   · d 당신, 너

Q4 빈칸에 들어갈 알맞은 말을 고르세요.

① わたし_____がくせいです。 저는 학생입니다.

　　a. も　　　　　　b. は　　　　　　c. だ　　　　　　d. わ

② _____むりです。 더 이상 무리입니다.

　　a. も　　　　　　b. いっぱい　　　　c. たくさん　　　d. もう

③ あなたはかいしゃいんです_____ 。 당신은 회사원입니까?

　　a. か　　　　　　b. が　　　　　　c. た　　　　　　d. だ

Q5 앞에서 배운 어휘로 직접 문장을 만들어 봅시다.

① 맛있는 냄새! 잘 먹겠습니다.

　　_____

② 덕분에, 잘 먹었습니다.

　　_____

③ 배고파. 오늘 저녁은 뭐예요?

　　_____

④ 벌써 배불러요.

　　_____

궁금한데 잘 알려주지 않는 일본어

Q '나'를 지칭하는 말은 'わたし' 하나인가요?

A   '나'를 지칭하는 말은 여러 가지가 있습니다. 대표적으로 わたし가 있는데, 이는 남자와 여자가 공통으로 사용할 수 있으며 반말/존댓말에서 모두 사용 가능합니다.
이외에도 남자와 여자가 다르게 사용하는 경우가 있습니다. 남자는 자신을 칭하는 말로 ぼく, 여자는 あたし를 사용하기도 합니다. 남자들은 친구들끼리 대화할 때, おれ라고 말하기도 합니다. おれ는 '저'와 같이 존댓말로는 사용할 수 없습니다. 일본어에서는 자신을 지칭하는 말이 한국어보다는 다양하게 있으니 자신이 사용하고 싶은 지칭어를 적절히 골라 사용해보는 것도 좋습니다.

Q '많이'라고 표현할 때, いっぱい가 더 익숙한데 たくさん과 いっぱい의 차이는 무엇인가요?

A   보통 많은 양을 나타낼 때 '많이'라는 뜻으로 둘 다 사용합니다. 하지만 いっぱい 는 たくさん보다 회화체에 더 가깝다고 생각하면 됩니다. たくさん 이 조금 더 격식있는 말투로 보통 문어체에서 많이 사용됩니다.
의미상 다른 점은 없지만 배부르다고 말할 때에는 おなかいっぱい 대신 おなかたくさん을 사용하지는 않습니다. おなかいっぱい는 하나의 관용어라고 생각하시면 됩니다.

2강

これ、からくない?
이거, 맵지 않아?

MP3
듣기 / 다운로드

생각해 보세요

Q1. 상대방에게 음식의 맛을 물어볼 때,
    어떻게 물어볼까요?

Q2. 음식의 맛을 구체적으로 표현하고 싶
    을 때, 어떻게 표현할까요?

필수 어휘

오늘 배울 표현에 대한 필수 어휘입니다. 다음 빈칸에 들어갈 말을 직접 써보세요.　🎧 02_01.mp3

독음	일본어	한국어
오이시이	おいしい	맛있다
	まずい	맛없다
숍빠이	しょっぱい	
시오카라이	しおからい	
습빠이		시다
아마이	あまい	
	にがい	쓰다
카라이		맵다
	しぶい	떫다
아부랏코이		느끼하다
	やわらかい	부드럽다
코레	これ	
소레		그것
아레		저것
	どれ	어느 것

🎋 정답 🎋

| 마즈이 | 짜다 | 짜다 | すっぱい | 달다 | にがい | からい | 시부이 |
| あぶらっこい | 야와라카이 | 이것 | それ | あれ | 도레 |

 **필수 예문** 🔊 02_02.mp3

01
이것은 짜요.
これはしおからいです。Or これはしょっぱいです。

02
그 사과는 맛있습니까?
そのりんごはおいしいですか。

03
네, 달고 맛있습니다.
はい、あまくておいしいです。

04
아니오, 그다지 맛있지 않습니다.
いいえ、あまりおいしくないです。

05
이 케이크는 매우 달았습니다.
このケーキはとてもあまかったです。

🌲 **단어** 🌲

りんご 사과 │ あまり 그다지 │ ケーキ 케이크 │ とても 매우

27

회화 표현

 **반말 상황**

🎧 02_03.mp3

가족들과 함께 식사하는 자리, 음식을 만들었는데 조금 매운 것 같습니다.
가족들의 반응을 살펴볼 때, 어떻게 물어볼까요?

A これ、どう? からくない?

코레 도우 카라쿠나이

이거, 어때? 맵지 않아?

B ちょっとからいけどおいしいよ。

촛도카라이케도오시이시요

조금 맵지만 맛있어.

A そう? よかった。

소우 요캇타

그래? 다행이다.

● 상대방의 의사를 확인할 때에는 からい? '매워?'라고 직접적으로 물을 수도 있지만, からくない? '맵지 않아?'처럼 우회적으로 묻는 것이 더 자연스럽습니다. 혹은 간단하게 どう? '어때?'라고만 물어도 괜찮습니다.

● 맛 표현 바로 뒤에 けど를 붙이면 '~하지만'이라는 뜻이 됩니다.

존댓말 상황　　　　　　　　　　　🎧 02_04.mp3

동료들에게 내가 추천해서 가게 된 식당, 하지만 오늘따라 음식이 짠 것 같습니다.
동료들에게는 짜지 않은지 확인하고 싶을 때 어떻게 물어볼까요?

A **これ、どうですか？しょっぱくないですか。**

　코레 도우데스까 숍빠쿠나이데스까

　이거, 어때요? 짜지 않아요?

B **すこししょっぱいけどおいしいです。**

　스코시숍빠이케도오이시이데스

　조금 짜지만 맛있어요.

A **そうですか。よかった。**

　소-데스카 요칸타

　그래요? 다행이네요.

● よかった는 '다행이다'로 반말이지만 위의 경우는 상대방이 듣고 있을지라도 혼잣말처럼 사용했기 때문에 무례한 표현은 아닙니다. 만약, 상대방에게도 '다행입니다'라고 직접적으로 말하고 싶다면 です만 붙여주면 됩니다.

🌲 단어 🌲

ちょっと 조금 ｜ すこし 조금

짚고 넘어가는 문법

01 い 형용사의 정중형

い로 끝나는 기본형에 です를 붙이면 정중하게 표현할 수 있습니다.

(* い 형용사 존댓말 = い + です)

예 このすし、おいしい。이 스시, 맛있어.
　　　초밥

예 そのかき、しぶいです。그 감, 떫어요.
　　　감

02 い 형용사의 의문형

질문을 할 때에는 문장 끝에 か를 붙이면 의문문의 형태로 만들 수 있습니다. 반말의 경우에는 か를 붙여도 되지만 통상 기본형 어미 い를 올려서 발음해도 괜찮습니다.

예 このおかし、あまい? (끝을 올려서) 이 과자, 달아?
　　　과자

예 あれ、からいですか。저거, 맵습니까?

03 い 형용사의 연결형

'~하고', '~해서'와 같이 다른 말을 연결하거나, 나열해서 설명할 때에는 어미 い를 없애고 くて를 붙입니다.

(* い 형용사 연결형 = い를 없애고くて)

예 このラーメンはからくておいしい。이 라면은 맵고 맛있어.
　　　라면

예 そのりんご はあまくておいしいです。그 사과는 달고 맛있습니다.
　　　사과 은/는

04 い 형용사의 부정형

い 형용사를 '~하지 않다' 와 같이 부정형으로 만들 때에는 어미 い를 없애고, くない라고 하면 됩니다. 그 뒤에 です만 붙이면 정중한 부정 표현이 되는데, くありません을 써도 괜찮습니다.

(* い 형용사 부정형 = い를 없애고くない(です) 혹은 くありません)

예 あまりからくない。 그다지 맵지 않아.

그다지

예 あまりやわらかくないです。 그다지 부드럽지 않습니다.

あまりやわらかくありません。 그다지 부드럽지 않습니다.

05 い 형용사 과거형

い 형용사를 '~했다'라는 뜻의 과거형으로 만들 때에는 어미 い를 없애고, かった를 붙이면 됩니다. 이 뒤에 です를 붙이면 '~했습니다' 와 같이 정중한 표현이 됩니다.

(* い 형용사 과거형 = い를 없애고 　かった(です))

예 あのうどんはおいしかった。 저 우동은 맛있었다.

예 そのケーキはとてもあまかったです。 그 케이크는 굉장히 달았습니다.

케이크 　상당히, 매우

31

06 い 형용사 과거부정

い 형용사의 과거 부정형은 어미 い를 없애고, くなかった를 붙이면 됩니다. 여기에 です만 붙이면 정중한 표현입니다. 혹은, い를 없애고 くありませんでした라고 해도 괜찮습니다.

(* い 형용사 과거부정 = い를 없애고 くなかった(です) 혹은 くありませんでした)

例 それはあまりおいしくなかった。　그것은 그다지 맛있지 않았다.

例 パンはやわらかくなかったです。　빵은 부드럽지 않았습니다.
　　빵

　　パンはやわらかくありませんでした。　빵은 부드럽지 않았습니다.

07 い 형용사의 명사 수식

'맛있는 음식', '짠 라면' 과 같이 い 형용사는 뒤에 오는 명사를 수식할 수 있는데, 변형 없이 기본형 그대로 뒤에 오는 명사를 수식합니다. 간단하죠?

(* い 형용사의 명사 수식 = い 형용사 + 명사)

例 あたたかいうどん　따뜻한 우동
　　따뜻하다.

例 あついラーメン　뜨거운 라면
　　뜨겁다.

い 형용사의 예외

い형용사 중, '좋다'라는 뜻을 가진 いい라는 어휘는 いい라고 하기도 하고, よい라고도 하는데, 위와 같은 활용을 할 때에는 よい로만 변형할 수 있습니다. いい로는 변형할 수 없으니 유의해주세요!

좋다	いい よい	좋습니다	いいです よいです
좋지 않다	よくない	좋지 않습니다	よくないです よくありません
좋았다	よかった	좋았습니다	よかったです
좋지 않았다	よくなかった	좋지 않았습니다	よくなかったです よくありませんでした

🐱 추가 표현

'짜다', '달다'와 같이 단순한 표현보다 '너무 짜다', '너무 달다'와 같이 정도가 지나칠 때는 い 형용사의 어미 い를 없애고 **すぎる**를 붙이면 됩니다. 정중형의 경우에는 **すぎです**라고 합니다. 긍정적이기보다는 부정적인 의미로 보통 사용됩니다.

⑩ 너무 달아서 먹기 어려울 때

これ、あま**すぎる**。 이거, 너무 달아.

⑩ 너무 짜서 먹기 어려울 때

これ、しょっぱ**すぎです**。 이거, 너무 짜요.

학습 후 Check

Q₁ 상대방에게 음식의 맛을 물어볼 때, 어떻게 물어볼까요?

· 이거 어때요?

_____

Q₂ 음식의 맛을 구체적으로 표현하고 싶을 때, 어떻게 표현할까요?

· 이 라면은 짜다.

_____

· 저 사과는 달아요.

_____

* 맛 표현을 나타내는 어휘는 대부분의 경우 い로 끝나는 い형용사입니다. 맛 표현뿐만 아니라 い로 끝나는 모든 い형용사는 똑같은 규칙을 적용해서 변형해주면 됩니다. 이제 い형용사, 자유자재로 사용할 수 있겠죠?

Q₃ 주어진 어휘에 해당하는 뜻을 알맞게 연결하세요.

1 あまい   ·   · a 쓰다

2 しおからい ·   · b 맵다

3 からい   ·   · c 달다

4 にがい   ·   · d 짜다

34

Q4 빈칸에 들어갈 알맞은 말을 고르세요.

1 このりんご_____あまいです。이 사과는 달아요.

   a. は   b. わ   c. けど   d. い

2 _____からいです。 조금 매워요.

   a. けど   b. とても   c. ちょっと   d. あまり

3 あつい_____おいしいです。뜨겁지만 맛있어요.

   a. あまり   b. は   c. すこし   d. けど

Q5 앞에서 배운 어휘로 직접 문장을 만들어 봅시다.

1 그거, 느끼해요.

   _____

2 맛있네요. 부드럽지 않아요?

   _____

3 맛있지만 조금 떫어요.

   _____

4 너-무 맛없어요.

   _____

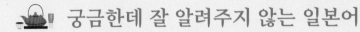 궁금한데 잘 알려주지 않는 일본어

Q これ와 この의 차이가 뭔가요?

A   これ는 이것, この는 이~ ㅇㅇ하고 명사를 수식할 때 사용합니다. 지시대명사를 한 번 살펴볼게요. 대표적으로 이, 그, 저, 어느 순으로 こ、そ、あ、ど라고 합니다.
こ는 말하는 사람에게서 가까운 것을, そ는 듣는 상대방에게 가까운 것을, あ는 말하는 사람과 듣는 상대방 모두에게서 먼 것을, ど는 확실치 않은 것을 가리킬 때 사용합니다. 이, 그, 저, 어느 뒤에 어떤 단어가 오느냐에 따라 지칭 대상이 달라집니다. れ가 오면 사물을 가리키며, こ가 오면 장소를, ちら가 오면 방향을 가리킵니다.

	こ 이	そ 그	あ 저	ど 어느
사물 (것)	これ 이것	それ 그것	あれ 저것	どれ 어느 것
장소 (곳)	ここ 여기	そこ 거기	あそこ 저기	どこ 어디
방향 (쪽)	こちら 이쪽	そちら 그쪽	あちら 저쪽	どちら 어느 쪽

Q 일본 드라마를 보는데 식사 중이 아닌데 まずい를 사용해요. 다른 뜻이 있나요?

A   맛이 없을 때 まずい라고 하지만, 상황이 좋지 않을 때도 まずい 라는 표현을 사용합니다. 그 외에도 '서투르다', '아름답지 않다'라는 뜻이 있지만 일상생활에서 일이 생각처럼 잘 진행되지 않아 상황이 좋지 않을 때, まずい라는 표현을 종종 씁니다.

Q しょっぱい와 しおからい는 둘 다 '짜다'인데 차이가 있나요?

A   보통 관동지방에서 짜다고 표현할 때 しょっぱい, 관서지방에서 しおからい라고 표현하는데 의미의 차이는 없으며 현재는 구분 없이 자유롭게 사용할 수 있습니다.

3강

すしがいちばん すきです。
초밥을 제일 좋아합니다.

MP3
듣기 / 다운로드

생각해 보세요

Q1. 상대방에게 음식 기호를 물어볼 땐 어떻게 물어볼까요?

Q2. 제일 좋아하는 음식에 대해 말하고 싶을 때 어떻게 표현할까요?

필수 어휘

오늘 배울 표현에 대한 필수 어휘입니다. 다음 빈칸에 들어갈 말을 직접 써보세요.   🎧 03_01.mp3

독음	일본어	한국어
낟토-	なっとう	낫또 (일본식 청국장)
톱포키		떡볶이
	キムチ	김치
비-루		맥주
	ワイン	와인
나니	何^{なに}	
나카		안
캉코쿠	韓国^{かんこく}	
츄-고쿠	中国^{ちゅうごく}	
	りょうり	요리
스고이		대단하다
스키다	すきだ	
	きらいだ	싫어하다
	だいすきだ	아주 좋아하다
이치방	いちばん	
암마리		그다지

정답

トッポキ | キムチ | ビール | 와인 | 무엇 | 中^{なか} | 한국 | 중국 | 료-리
| すごい | 좋아하다 | 키라이다 | 다이스키다 | 제일 | あんまり

01

낫토를 좋아합니까?
なっとうがすきですか。

02

네, 매우 좋아합니다.
はい、だいすきです。

03

아니오, 그다지 좋아하지 않습니다.
いいえ、あまりすきじゃないです。

04

저는 한국요리를 제일 좋아합니다.
わたしはかんこくりょりがいちばんすきです。

05

떡볶이도 좋아합니까?
トッポキもすきですか。

🎋 단어 🎋

~も ~도

회화 표현

 반말 상황

🎧 03_03.mp3

친구에게 일본음식 중에 어떤 음식을 좋아하는지 어떻게 물어볼까요?

A **日本りょうりの中で何がすき?**

니혼료리노나카데나니가스키

일본요리 중에서 무엇을 좋아해?

B **なっとうがいちばんすき。だいすき。**

낟토-가이치방스키 다이스키

낫토를 제일 좋아해. 너무 좋아.

A **へー。すごい。すしもすき?**

헤- 스고이 스시모스키

와. 대단해. 초밥도 좋아해?

B **ううん、すしはあんまりすきじゃない。**

우웅 스시와암마리스키쟈나이

아니, 초밥은 그다지 좋아하지 않아.

● '〜을/를 좋아하다' 혹은 '싫어하다'라고 할 때에는 조사 が를 사용합니다. 한국어에서는 '〜을/를' 좋아해라고 표현하지만 일본에서는 을/를을 의미하는 を를 사용하지 않고 が를 사용합니다. 한국인들이 많이 실수하는 문법이기 때문에 유의해야 합니다. 다만, '〜는 좋아해'라고 할 때에는 '은/는'을 의미하는 は를 그대로 사용해도 괜찮습니다.

오늘 배울 표현을 생생한 대화로 들어보세요.
친한 친구와 밥상머리에서 나눌 수 있는 편안한 표현과 격식을 갖춰야 할 자리의 표현을 비교해 보세요.

 존댓말 상황   🎧 03_04.mp3

새로 알게 된 일본인에게 한국음식을 좋아하는지 물어보려고 합니다. 어떤 음식을 좋아하는지 구체적으로 어떻게 물어볼까요?

A **韓国<ruby>りょうりの中<rt>なか</rt></ruby>で<ruby>何<rt>なに</rt></ruby>がすきですか。**

캉코쿠료-리노나카데나니가스키데스카

한국요리 중에서 무엇을 좋아합니까?

B **トッポキがいちばんすきです。だいすきです。**

톱포키가이치방스키데스 다이스키데스

떡볶이를 제일 좋아합니다. 아주 좋아합니다.

A **へー。すごいですね。キムチもすきですか。**

헤- 스고이데스네 키무치모스키데스카

와-. 대단해요. 김치도 좋아합니까?

B **いいえ、キムチはきらいです。**

이이에 키무치와키라이데스

아니요, 김치는 싫어합니다.

● <ruby>中<rt>なか</rt></ruby>는 '안'이라는 뜻도 있지만 여러 개 '중'에를 표현할 때에도 쓰입니다.

┌ 단어 ┐

が (조사) 이/가 │ で (조사) ~에서 │ すし 초밥

짚고 넘어가는 문법

* な형용사도 사물의 성질이나 상태를 나타낸다는 점에서 い형용사와 같지만 활용하는 방식이 다릅니다. だ형용사가 아닌 な형용사로 불리는 것은 명사를 수식할 때, 어미 だ를 な로 변형해서 명사를 수식하기 때문입니다.

01 な형용사 기본형

일상적으로 반말의 형태를 취할 때에는 な형용사 기본형을 ~だ까지 변형 없이 그대로 사용하거나, だ를 생략해서 이야기합니다.

예 小林さんはきれいだ。 코바야시 씨는 예쁘다.

예 わたしはコーラがすき。 나는 콜라를 좋아해.

02 な형용사 정중형

な형용사의 기본형에서 だ를 です로 바꾸면 '~합니다.' 와 같이 정중한 표현이 됩니다.

예 中村さんはげんきです。 나카무라 씨는 건강합니다.

예 わたしはパンがきらいです。 저는 빵을 싫어합니다.

03 な형용사 부정형

' ~하지 않다' 와 같이 な형용사의 현재 시제를 부정할 때에는 だ를 では로 바꿔준 뒤, '아니다'를 뜻하는 ない를 붙여줍니다.

예 小林さんはきれいではない。 코바야시 씨는 예쁘지 않다.
こばやし

예 わたしはコーラがすきではない。 나는 콜라를 좋아하지 않는다.

04 な형용사 부정형 – 축약

회화체에서는 ~ではない를 축약해서 사용하기도 합니다. 보통 では는 じゃ로 줄여서 사용하기 때문에 ~じゃない라고 합니다.

예 小林さんはきれいじゃない。 코바야시 씨는 예쁘지 않다.
こばやし

예 わたしはコーラがすきじゃない。 나는 콜라를 좋아하지 않는다.

な형용사 부정 정중형

な형용사 부정형인 ~ではない에 です를 붙이면 ' ~하지 않습니다'와 같은 정중형이 됩니다. 혹은 ~ではありません이라고 하기도 합니다.

예 中村さんはげんきではないです。나카무라 씨는 건강하지 않습니다.
    なかむら
    = 中村さんはげんきではありません.
    なかむら

예 わたしはパンがきらいではないです。저는 빵을 싫어하지 않습니다.
    = わたしはパンがきらいではありません.

06

な형용사 부정 정중형 - 축약

정중형에서도 반말형과 마찬가지로 では를 축약해서 じゃ로 바꿔 사용할 수 있습니다. 대개 회화체에서 많이 쓰입니다.

예 中村さんはげんきじゃないです。나카무라 씨는 건강하지 않습니다.
    なかむら
    = 中村さんはげんきじゃありません.
    なかむら

예 わたしはパンがきらいじゃないです。저는 빵을 싫어하지 않습니다.
    = わたしはパンがきらいじゃありません.

07 の의 쓰임

한국어에서는 '일본어 책'과 같이 명사 두 개가 결합하여 만들어지는 하나의 명사의 경우, 명사를 나열하는 경우가 대부분이지만 일본어는 명사와 명사 사이에는 항상 の를 사용해야 합니다. 예를 들어 '일본어 책'은 にほんごのほん과 같이 중간에 の를 사용해야 합니다. 의미는 문맥에 따라 다 다르게 사용됩니다. 뒤에 오는 명사의 소유나 소속, 상태 등을 나타내기도 하며 혹은 ' ~의 것'이라는 소유물의 뜻을 나타내기도 합니다.

예 わたしのほん 나의 책, 내 책
　　　　 책

예 にほんごのせんせい 일본어 선생님
　 일본어

🐱 추가 표현

어떤 음식을 좋아하는지 광범위하게 물어볼 수도 있지만 선택지를 줄 수도 있습니다. 예를 들어, 'A와 B 중 어느 쪽을 좋아합니까?'라고 물을 때에는 「AとBとどちらがすきですか」라고 할 수 있습니다.

どちら는 '어느 쪽'이라는 뜻이며 친한 사이끼리는 どっち라고도 합니다.

보통 'A보다 B를 좋아합니다'라고 대답할 때는 「AよりBのほうがすきです」로 합니다. 이 때, より는 '〜보다', のほうが는 '〜의 쪽이'로 직역할 수 있습니다.

예 うどんとラーメンとどちらがすきですか。
　 우동과 라면 중에서 어느 쪽을 좋아합니까?

예 うどんよりラーメンのほうがすきです。 우동보다 라면 쪽을 좋아합니다.

학습 후 Check

Q₁ 상대방에게 음식 기호를 물어볼 땐 어떻게 물어볼까요?

· 일본요리 중에서 무엇을 좋아합니까?

_____

Q₂ 제일 좋아하는 음식에 대해 말하고 싶을 때 어떻게 표현할까요?

· 저는 초밥을 제일 좋아합니다.

_____

* '~좋아하다', '싫어하다' 표현 외에도 な형용사는 많이 있습니다. 배운 표현뿐 아니라 다른 な
형용사는 어떤 것들이 있는지 찾아보고 배운 규칙을 적용해서 변형해 보세요. 그리고, '~을 좋아
하다'에서 조사 が를 사용해야 했던 것은 모든 な형용사가 아닌 '좋아하다', '싫어하다' 두 형
용사에 특별히 적용되는 것이니 주의해야 합니다.

Q₃ 주어진 어휘에 해당하는 뜻을 알맞게 연결하세요.

1️⃣ すきだ ·   · a 싫어하다

2️⃣ きらいだ ·   · b 좋아하다

3️⃣ いちばん ·   · c 요리

4️⃣ りょうり ·   · d 제일

Q4 빈칸에 들어갈 알맞은 말을 고르세요.

1 わたしはキムチ_____すきです。저는 김치를 좋아합니다.

a. を   b. が   c. も   d. は

2 ラーメン_____うどん_____どちらがすきですか。
라면이랑 우동이랑 어느 쪽이 좋습니까?

a.は   b. も   c. が   d. と

3 ラーメン_____うどんのほうがすきです。라면보다 우동이 좋습니다.

a. より   b. の   c. と   d. いちばん

Q5 앞에서 배운 어휘로 직접 문장을 만들어 봅시다.

1 당신은 중국요리를 좋아합니까?

_____

2 아니요, 중국요리는 그다지 좋아하지 않습니다.

_____

3 맥주와 와인 중에서 어떤 것을 좋아합니까?

_____

4 맥주보다 와인이 더 좋습니다.

_____

🫖 궁금한데 잘 알려주지 않는 일본어

Q '그다지' 혹은 '별로'라는 뜻의 あまり는 あんまり와 어떻게 다른가요? 차이가 있나요?

A '그다지'라는 뜻은 동일하지만 あまり는 보통 문어체에서, あんまり는 회화체에서 많이 사용됩니다. 가끔 '그다지, 별로'를 강조하기 위해 あんまり라고 표현하기도 합니다.

あまり는 부사로 사용하게 되면 그다지, 별로라는 뜻이지만 명사로 사용하게 되면 '남은 것'이라는 뜻도 있으니 문맥상 잘 파악해야 합니다.

Q 일본에 가서 맥주를 시켰는데 못 알아들어요. 제 발음이 이상한 걸까요?

A 많은 분들이 일본 여행 후, 후기처럼 하시는 질문입니다. 아직 일본어에 익숙지 않은 분들이 흔히 하는 실수입니다.

일본어는 한국어와 달리 '장음'이라는 것이 있습니다. 글자 하나하나 소리도 중요하지만 길이에 신경을 써야 하는 단어도 있습니다. 맥주는 '비-루' 하고 '비'를 길게 발음해야 합니다. 짧게 '비루'라고 하면 '빌딩' 혹은 '건물'이라는 뜻이 되기 때문에 음식점에서 「ビルください」 '비루쿠다사이'라고 하면 일본인들 귀에는 어색하게 들릴 수 있습니다.

4강

いまは
なんじですか。
지금은 몇 시입니까?

MP3
듣기 / 다운로드

생각해 보세요

Q1. 약속 시간이 몇 시인지 어떻게 물어볼
까요?

Q2. 정확한 현재 시간을 어떻게 말할까요?

필수 어휘

오늘 배울 표현에 대한 필수 어휘입니다. 다음 빈칸에 들어갈 말을 직접 써보세요. 🎧 04_01.mp3

독음	일본어	한국어
야쿠소쿠	やくそく	약속
에-가	えいが	
카이기		회의
카이샤	かいしゃ	
	いま	지금
	いつ	언제
에-교-지캉	えいぎょうじかん	
난지		몇 시
	何分 (なにぶん)	몇 분
혼토-	ほんとう	
	まじ	진짜
고젠		오전
고고		오후
	から	부터
마데	まで	

⟨정답⟩

영화 │ かいぎ │ 회사 │ 이마 │ 이츠 │ 영업시간 │ 何時 (なんじ) │ 난뿐 │ 정말 │ 마지 │ 午前 (ごぜん) │ 午後 (ごご) │ 카라 │ 까지

50

🎧 04_02.mp3

01
지금은 몇 시 몇 분입니까?
いまはなんじなんぷんですか。

02
지금은 3시 50분입니다.
いまはさんじごじゅっぷんです。

03
영업시간은 몇 시부터 몇 시까지 입니까?
えいぎょうじかんはなんじからなんじまでですか。

04
영업시간은 9시부터 6시까지입니다.
えいぎょうじかんはくじからろくじまでです。

05
회의는 오전 11시부터입니다.
かいぎはごぜんじゅういちじからです。

회화 표현

반말 상황

🎧 04_03.mp3

친구들과 만나기로 약속을 했습니다.
약속 시간이 몇 시까지인지 확인하려고 할 때, 어떻게 물어볼까요?

A やくそくは何時まで?

야쿠소쿠와난지마데

약속은 몇 시까지야?

B 8時までだよ。

하치지마데다요

8시까지야.

A 今7時40分だよ。

이마시치지욘쥬뿐다요

지금 7시 40분이야.

B まじ? わかった。

마지 와칸타

정말? 알았어.

● 「8時までだよ」에서 마지막에 よ를 붙인 것은 회화체에서 많이 보입니다. ' ~(이)야'라고 친근하게 말할 때 주로 사용합니다. 「8時までだ」라고만 하면 너무 딱딱하게 느껴지기 때문에 대개 よ를 붙이거나 아예 「8時まで!」라고 간결하게 말합니다.

오늘 배울 표현을 생생한 대화로 들어보세요.
친한 친구와 밥상머리에서 나눌 수 있는 편안한 표현과 격식을 갖춰야 할 자리의 표현을 비교해 보세요.

 ## 존댓말 상황　　　　　　　　　　　　　🎧 04_04.mp3

거래처와의 미팅이 있습니다.
회의에 늦지않기 위해 현재 시간을 확인하고자 할 때에는 어떻게 물어보면 될까요?

A 今、何時ですか。

이마 난지데스카

지금, 몇 시입니까?

B 3時 25分です。

산지니쥬고훈데스

3시 25분입니다.

A かいぎは4時からですね。

카이기와요지카라데스네

회의는 4시부터죠?

B はい。 そうです。

하이 소-데스

네, 그렇습니다.

● 「4時からですね」에서 마지막에 ね를 붙이면 상대방에게 동의를 구하거나 확인을 요구할 때 사용하는
   데, '~이네요' 혹은 '~이죠'라고 해석하면 됩니다. 문맥에 따라서는 감탄할 때에도 쓰이곤 합니다.

┃ 단어 ┃

まで ~까지 │ から ~부터

53

짚고 넘어가는 문법

1부터 10까지 살펴봅시다. 4, 7, 9는 읽는 방법이 여러 가지입니다. 본인에게 편한 것을 쓰는 것이 아닌, 뒤에 어떤 단위가 오느냐에 따라 읽는 방법이 달라집니다. 예를 들어 숫자 4만 말하고 싶으면 し 혹은 よん을 보통 사용하지만 '4시'라고 시간을 말할 때에는 よ만 사용 가능합니다. 그러므로 각 숫자의 읽는 방법을 모두 숙지해두셔야 합니다.

1	2	3	4	5
いち	に	さん	し/よ/よん	ご
6	7	8	9	
ろく	しち/なな	はち	きゅう/く	

10 단위 숫자는 우리나라와 동일하게 2~9뒤에 じゅう를 붙이면 됩니다.

10	20	30	40	50
じゅう	にじゅう	さんじゅう	よんじゅう	ごじゅう
60	70	80	90	
ろくじゅう	しち/ななじゅう	はちじゅう	きゅうじゅう	

100단위 숫자는 백 단위의 숫자에 따라 읽는 방법이 다르고, 발음도 어려운 편입니다. 여러 번 소리 내 읽으면서 익혀주세요. 특히 300, 600, 800에 유의하세요.

100	200	300	400	500
ひゃく	にひゃく	さんびゃく	よんひゃく	ごひゃく
600	700	800	900	
ろっぴゃく	ななひゃく	はっぴゃく	きゅうひゃく	

천 단위는 せん(千), 만 단위는 まん(万)만 붙여주면 됩니다. 단, 1만은 한국어에서는 굳이 '일만'이라고 읽지 않지만 일본어에서는 항상 いちまん이라고 읽고 씁니다.

🔊 15389　いちまんごせんさんびゃくはちじゅうきゅう
🔊 24764　にまんよんせんななひゃくろくじゅうよん

~時(~시)는 앞에 오는 숫자와 관계없이 항상 じ라고 읽습니다. 4, 7, 9시는 숫자 읽는 법
이 정해져 있습니다.

いちじ		にじ		さんじ	
よじ		ごじ		ろくじ	
しちじ		はちじ		くじ	
じゅうじ		じゅういちじ		じゅうにじ	

~分(~분)은 앞에 오는 숫자에 따라 ふん 또는 ぷん으로 읽습니다. 처음 접할 땐 헷갈릴
수 있으니 정확하게 말하는 연습을 해야 합니다.

1분	2분	3분	4분	5분
いっぷん	にふん	さんぷん	よんぷん	ごふん
6분	7분	8분	9분	10분
ろっぷん	ななふん	はちふん はっぷん	きゅうふん	じゅっぷん じっぷん

10단위의 '~분'은 숫자 읽기와 동일하게 앞에 ~じゅう를 붙여주면 됩니다.

🔊 4시 53분　　　よじごじゅうさんぷん
🔊 11시 16분　　じゅういちじじゅうろっぷん

03 시간 관련 표현

시간을 말할 때, 정확히 '몇 시 몇 분'이라고도 말하지만 시간과 관련된 다양한 어휘들이 있죠? 몇 가지 함께 살펴보겠습니다.

半 반	前 전	頃 쯤

～から ~ 부터	～まで ~ 까지

午前 오전	午後 오후

예 今は2時はんです。　지금은 2시 반입니다.

예 9時10分まえです。9시 10분 전입니다.

예 3時ごろです。3시쯤 입니다.

예 えいぎょうじかんは午前9時から午後6時までです。
영업시간은 오전 9시부터 오후 6시까지입니다.

じかん(시간)이라는 어휘를 활용해 일이 지속되는 시간을 나타낼 수도 있습니다.

예 えいがのじかんは2じかんです。영화시간은 2시간입니다.

예 ひるやすみは1じかんです。점심시간은 1시간입니다.

학습 후 Check

Q1 약속 시간이 몇 시인지 어떻게 물어볼까요?

• 약속 시간은 몇 시입니까?

_____

Q2 정확한 현재 시간을 어떻게 말할까요?

• 지금은 8시 38분입니다.

_____

* 숫자 읽는 순서는 한국어와 동일하지만 어떤 숫자와, 혹은 어떤 단위와 결합하느냐에 따라 읽는
방법이 조금씩 달라졌었죠? 한 번에 암기하려고 하기보다는 일상생활에서 숫자가 나올 때마다
일본어로 직접 말해보는 연습을 해보시기 바랍니다. 단순 암기보다 훨씬 도움이 된답니다.

Q3 주어진 어휘에 해당하는 뜻을 알맞게 연결하세요.

1 いま   •   • a 언제

2 いつ   •   • b 오전

3 ごぜん   •   • c 오후

4 ごご   •   • d 지금

58

Q4 빈칸에 들어갈 알맞은 말을 고르세요.

1 やくそくは7時_____です。약속은 7시까지입니다.

　　a. まで　　　　　b. から　　　　　c. まえ　　　　　d. より

2 いまは_____時_____分ですか。지금은 몇 시 몇 분입니까?

　　a. いち　　　　　b. なん　　　　　c. いつ　　　　　d. はん

3 4時_____です。4시 반입니다.

　　a. ごろ　　　　　b. まえ　　　　　c. はん　　　　　d. いつ

Q5 앞에서 배운 어휘로 직접 문장을 만들어 봅시다.

1 지금은 몇 시 몇 분입니까?

_____

2 지금은 4시 57분입니다.

_____

3 회사는 오전 10시부터 오후 7시까지입니다.

_____

4 12시 15분 전입니다.

_____

🫖 궁금한데 잘 알려주지 않는 일본어

Q '진짜?' '정말?'은 ほんとう는 많이 들어봤는데 まじ는 낯설어요. 회화에서 많이 쓰나요?

A まじ는 격식이 있는 말은 아닙니다. 젊은 사람들 사이에서 정말 친한 사이끼리 '진짜야?'라고 되물을 때 많이 사용하는 표현입니다. 친구들 사이에서는 사용합니다. 덧붙여서, まじ는 진심, 진정성을 뜻하는 まじめ에서 파생된 단어로 '진짜로', '진심으로'라는 뜻을 가지게 되었습니다.

Q 시간을 말할 때, 헷갈려서 자꾸 きゅうじ(9시)、しじ(4시)라고 말하게 돼요. 틀리면 아예 못 알아듣나요?

A きゅうじ(9시)、しじ(4시)라고는 사용하지 않기 때문에 어색하게 들립니다. 하지만, 못 알아듣는 것은 아닙니다.
한국어도 한 시를 '일 시'라고 외국인이 말하게 되면 어색하게 들리지만 문맥상 파악하게 되는 것처럼 이와 같다고 생각하시면 되는데, 자연스럽게 말할 수 있으면 좀 더 좋겠죠?

5강

きょうは
すいようびです。
오늘은 수요일입니다.

MP3
듣기 / 다운로드

생각해 보세요

Q1. 오늘이 무슨 요일인지 어떻게 물어볼
까요?

Q2. 상대방에게 요일을 알려줄 때, 어떻게
표현할까요?

오늘 배울 표현에 대한 필수 어휘입니다. 다음 빈칸에 들어갈 말을 직접 써보세요. 🎧 05_01.mp3

독음	일본어	한국어
아시타	^{あした}明日	내일
콘슈-	^{こんしゅう}今週	
모우		벌써
요-비		요일
	やすみ	휴일
슈-마츠	しゅうまつ	
케-카쿠		계획
	しょくじ	식사
	ばんごはん	저녁밥
레포-토	レポート	
시켄 / 테스토		시험
	たのしみ	즐거움/낙/취미
이이	いい	
나가이		길다
	うらやましい	부럽다

🌲 정답 🌲

| 이번 주 | 모우 | ^{ようび}曜日 | 야스미 | 주말 | けいかく | 쇼쿠지 | 방고항 | 레포트 |
| しけん / テスト | 타노시미 | 좋다 | ながい | 우라야마시이 |

👹 필수 예문

01
오늘은 무슨 요일입니까?
きょうはなんようびですか。

02
오늘은 목요일입니다.
きょうはもくようびです。

03
휴일은 언제입니까?
やすみはいつですか。

04
휴일은 월요일입니다.
やすみはげつようびです。

05
내일은 일요일입니다.
あしたはにちようびです。

🎋 단어 🎋

きょう 오늘 ｜ いつ 언제

회화 표현

 반말 상황

05_03.mp3

월요일을 맞이하는 일요일 오후. 친구와 함께 시간을 보내고 있습니다.
월요일이 걱정되지만 이번 주는 공휴일이 끼어 있다는 이슈, 어떻게 말할까요?

A **明日、もう月曜日だよ。**

아시타 모우게츠요-비다요

내일, 벌써 월요일이야.

B **がんばって。今週の水曜日はやすみだよ。**

감밧테 콘슈-노스이요-비와야스미다요

힘내. 이번 주 수요일은 공휴일이야.

A **まじ? よかった。**

마지 요칸타

진짜? 다행이다.

B **やすみのけいかくは何?**

야스미노케-카쿠와나니

휴일 계획은 뭐야?

● 「よかった」는 위 대화에서 '다행이다'로 쓰였지만, 상황에 따라 '좋았다'라고도 해석할 수 있습니다. 2과에서 '좋다'라는 뜻의 「いい」 기억하시나요? 「いい」는 변형할 수 없기 때문에 같은 의미인 「よい」를 과거형으로 변형하면 「よかった」가 되었었죠? 이는 또한 '잘 됐다'라고도 해석할 수 있습니다.

존댓말 상황　　　　　　　　　　　　🎧 05_04.mp3

회사동료가 휴가를 떠납니다. 언제까지 휴가인지 어떻게 물어볼까요?

A **やすみはいつからいつまでですか。**

야스미와이츠카라이츠마데데스까

휴가는 언제부터 언제까지입니까?

B **水曜日<ruby>すいようび</ruby>から日曜日<ruby>にちようび</ruby>までです。**

스이요-비카라니치요-비마데데스

수요일부터 일요일까지입니다.

A **ながいですね。うらやましいです。**

나가이데스네 우라야마시-데스

기네요? 부러워요.

B **たのしみです。**

타노시미데스

기대됩니다.

● '요일'은 '요-비'라고 발음하는데 굳이 '요.우.비' 하나하나 발음하지 않으셔도 괜찮습니다. '요오비'처
럼 요를 살짝 늘려준다는 느낌으로만 발음하시면 자연스럽습니다. '오' 소리가 나는 お단 뒤에 바로
お 또는 う가 오면 길게 늘려주면 됩니다. 이를 '장음'이라고 합니다.

짚고 넘어가는 문법

01 요일 말하기

월요일	화요일	수요일	목요일
げつようび	かようび	すいようび	もくようび
月曜日	火曜日	水曜日	木曜日

금요일	토요일	일요일	
きんようび	どようび	にちようび	
金曜日	土曜日	日曜日	

* 무슨 요일 なんようび (何曜日)

02 때를 나타내는 표현 1

엊그제	어제	오늘	내일	모레
おととい	きのう	きょう	あした	あさって
一昨日	昨日	今日	明日	明後日

예 きょうはすいようびです。 오늘은 수요일입니다.

예 あしたはなんようびですか。 내일은 무슨 요일입니까?

예 きのうはきんようびでした。 어제는 금요일이었습니다.

03 때를 나타내는 표현 2

지지난 주	지난 주	이번 주	다음 주	다다음 주
せんせんしゅう	せんしゅう	こんしゅう	らいしゅう	さらいしゅう
先々週	先週	今週	来週	再来週

예 今週の金曜日はやすみです。 이번 주 금요일은 휴일입니다.

예 かいぎは来週の火曜日です。 회의는 다음 주 화요일입니다.

04 때를 나타내는 표현 3

재작년	작년	올해	내년	내후년
おととし	きょねん ・さくねん	ことし	らいねん	さらいねん
一昨年	去年・昨年	今年	来年	再来年

'작년'의 경우 きょねん과 さくねん 두 가지가 있는데, 회화체에서는 きょねん을 더 많이
사용합니다. さくねん은 상대적으로 문어체에서 더 많이 사용합니다.

예 今年の休みはながいです。 올해 휴가는 깁니다.
　　　　　 길다

예 来年のけいかくは何ですか。 내년 계획은 무엇입니까?

아침	낮	밤
あさ	ひる	よる
朝	昼	夜

㉕ 火曜日の夜はどうですか。 화요일 저녁은 어때요?

㉕ レポートは明日の昼 3 時までです。 레포트는 내일 낮 3시까지입니다.

「火曜日の夜はどうですか」 는 저녁식사가 아닌 '때'를 말하는 것입니다. 약속 시간을 잡을 때, 화요일 저녁은 어때요?라고 묻는 표현입니다.

'화요일 저녁식사 어떠세요?'라고 묻고 싶다면, 「火曜日の夜、食事はどうですか」 혹은 「火曜日、ばんごはんはどうですか」 라고 하면 됩니다.

🐱 **추가 표현**

요일 표현을 배워봤습니다. 그렇다면 '매주'라는 표현은 어떻게 할까요? 대화에서 종종 '매주 0요일'이라는 표현을 사용하죠? 매주는 まいしゅう(毎週)라고 합니다. 그렇다면 '매년'은 어떻게 말할 수 있을까요? まい(毎)에 '년' 을 의미하는 ねん(年)을 붙여서 まいねん(毎年) 이라고 하면 됩니다.

㉕ まいしゅう日曜日はやすみです。 매주 일요일은 쉬는 날입니다.

㉕ しけんはまいしゅう月曜日です。 시험은 매주 월요일입니다.

🌸 쉬어가기 – 밥상머리 예절 1편 – 기본적인 식사예절

일본과 한국은 물리적으로 가깝기도 하고 많은 문화적 교류가 있기 때문에 예의나 문화가 비슷할 것이라고 생각할 수 있지만 다른 측면이 많습니다.

일본인과 식사할 때, 미리 일본의 식사예절을 알고 있으면 상대방을 이해하기도 편하겠죠? 기본적인 식사예절 몇 가지를 알아봅시다.

1 한국도 마찬가지지만 일본 역시 인사를 중요하게 생각합니다. 식사 전, 식사 후, 꼭 인사를 합니다.

　식사 전, 잘 먹겠습니다 : いただきます。

　식사 후, 잘 먹었습니다 : ごちそうさまでした。

　'잘 먹겠습니다.'라고 할 때에는 젓가락을 엄지와 검지 사이에 끼우고 두 손 모아서 인사하는 것이 통상적입니다.

2 일본에서는 숟가락을 거의 사용하지 않고 젓가락만으로 식사를 합니다. 단, 카레라이스와 같은 요리는 예외적으로 숟가락을 사용합니다.

3 한국에서는 반찬을 가져와서 밥 위에 올려서 먹기도 하지만, 일본에서는 밥 위에 반찬을 올려서 먹지 않습니다. 밥과 반찬은 따로따로 먹습니다. 밥과 밥그릇을 항상 깨끗하게 유지하면서 식사를 하는 것이 예의입니다.

4 다 같이 나눠 먹는 요리는 꼭 개인 접시에 덜어서 먹습니다.

5 소바와 라멘 같은 면 요리는 후루룩 소리를 조금씩 내는 것이 좋습니다. 맛있게 먹고 있다는 표현입니다. 그 외 식사에서는 쩝쩝거리는 소리를 내면 안 됩니다.

6 식탁에 팔꿈치를 올리면 안 됩니다.

간단한 몇 가지 예절만 알아도, 일본인과 즐거운 식사자리를 가질 수 있겠죠?

Q1 오늘이 무슨 요일인지 어떻게 물어볼까요?

· 오늘은 무슨 요일입니까?

_____

Q2 상대방에게 요일을 알려줄 때, 어떻게 표현할까요?

· 오늘은 토요일입니다.

_____

* 요일은 한자어로, 한국어와 발음이 유사합니다. 암기가 어려운 편은 아니니 매일 아침에 한 번씩
  해당 요일을 직접 말해보세요. 금방 외울 수 있을 겁니다!

Q3 주어진 어휘에 해당하는 뜻을 알맞게 연결하세요.

① あした　·　　　　　　　　　　　· a 내일

② やすみ　·　　　　　　　　　　　· b 계획

③ けいかく　·　　　　　　　　　　· c 휴일

④ ようび　·　　　　　　　　　　　· d 요일

Q4 빈칸에 들어갈 알맞은 말을 고르세요.

1 今週_____木曜日は休みだよ。이번 주 목요일은 휴일입니다.

a. は   b. が   c. も   d. の

2 _____は何曜日でしたか。어제는 무슨요일이었습니까?

a. きょう   b. きのう   c. あした   d. おととい

3 _____しゅう水曜日はテストです。매주 수요일은 시험입니다.

a. ばい   b. まい   c. ない   d. らい

Q5 앞에서 배운 어휘로 직접 문장을 만들어 봅시다.

1 당신의 휴가는 언제부터 언제까지입니까?

_____

2 화요일부터 토요일까지입니다.

_____

3 다음 주 수요일은 쉬는 날입니다.

_____

4 주말 계획은 뭐야?

_____

🫖 궁금한데 잘 알려주지 않는 일본어

Q たのしみ가 '즐거움, 낙'이라는 뜻인데 「たのしみです」는 '즐거움입니다.' 혹은 '낙입니다.'라고 해석해야 하는 것 아닌가요?

A   たのしみ가 가지고 있는 '즐거움'은 '기대를 가지고 즐기다'라는 뉘앙스를 포함하고 있습니다. 그래서 무언가 기대를 가지고 있는 행복감을 표현할 때 사용하는 단어로 「たのしみです」라고 하면 긍정적인 느낌의 '기대됩니다'라는 뜻으로 사용할 수 있습니다.

Q やすみ는 '휴가', '휴일'라는 뜻을 가지고 있는 것 같은데 그 기간은 상관이 없나요? 휴일은 하루, 휴가는 며칠이 될 수도 있는데 장기간도 상관없나요?

A   네, やすみ는 기본적으로 '쉼'이라는 뜻을 가지고 있습니다. 따라서 '쉰다'는 뜻을 가지고 있으면 기간에 상관없이 사용 가능합니다. 점심시간 짧은 쉬는 시간도 ひるやすみ라고 표현하며, 아주 긴 여름방학도 なつやすみ라고 합니다. 이때, なつ는 '여름'입니다.
  즉, 쉬는 어떠한 기간은 다 やすみ라고 해도 무방합니다.

たんじょうびは
く が つ ふ つ か
9月2日です。
생일은 9월 2일입니다.

MP3
듣기 / 다운로드

생각해 보세요

Q1. 상대방에게 생일을 물어볼 때, 어떻게
    물어볼까요?

Q2. 내 생일 날짜, 어떻게 말할까요?

필수 어휘

오늘 배울 표현에 대한 필수 어휘입니다. 다음 빈칸에 들어갈 말을 직접 써보세요. 06_01.mp3

독음	일본어	한국어
아나타	あなた	당신, 너
키미		너
	月(つき)	월
	日(にち)	일
카조쿠	家族(かぞく)	
오카-상		엄마
오토-상	お父(とう)さん	
	いもうと	여동생
오토-토		남동생
	むすこ	아들
무스메	むすめ	
카레시	彼氏(かれし)	
카노죠		여자친구, 그녀
	才(さい)	살
탄죠-비		생일
	はたち	스무살

정답

君(きみ) | 가츠 | 니치 | 가족 | お母(かあ)さん | 아빠 | 이모-토 | おとうと | 무스코 | 딸 | 남자친구, 그 | 彼女(かのじょ) | 사이 | 誕生日(たんじょうび) | 하타치

01 오늘은 몇 월 며칠입니까?
きょうはなんがつなんにちですか。

02 오늘은 9월 2일입니다.
きょうはくがつふつかです。

03 아버지의 생일은 언제입니까?
おとうさんのたんじょうびはいつですか。

04 아버지 생일은 1월 24일입니다.
おとうさんのたんじょうびはいちがつにじゅうよっかです。

05 축하합니다.
おめでとうございます。

회화 표현

 반말 상황   🎧 06_03.mp3

남매가 함께 쉬고 있습니다. 갑자기 떠오른 엄마 생일, 날짜를 확인하고자 합니다.
어떻게 말할까요?

A **明日、9月 １ 9日なの?**
<ruby>明日<rt>あした</rt></ruby> <ruby>9月１9日<rt>くがつじゅうくにち</rt></ruby>

아시타 쿠가츠쥬큐니치 나노

내일, 9월 19일이야?

B **うん。そうだよ。なんで?**

웅 소-다요 난데

응. 맞아. 왜?

A **お母さんの誕生日だよ。**
<ruby>お母<rt>かあ</rt></ruby> <ruby>誕生日<rt>たんじょうび</rt></ruby>

오카-상노탄죠-비다요

엄마 생일이야.

B **あ! そうだ。**

아 소-다

아! 맞다.

● '왜'라고 물을 때에는 보통 「なんで」하고 끝을 올려주며 물어봅니다. 혹은, 「なぜ ?」라는 표현도 있지
만 후자의 경우, 어떤 이유인지, 어째서인지 구체적으로 요구하는 뉘앙스가 조금 더 강합니다. 그래
서 일상회화에서는 「なんで」를 더 빈번하게 사용합니다.

오늘 배울 표현을 생생한 대화로 들어보세요.
친한 친구와 밥상머리에서 나눌 수 있는 편안한 표현과 격식을 갖춰야 할 자리의 표현을 비교해 보세요.

 존댓말 상황　　　　　　　　　　　　　🎧 06_04.mp3

상대방에게 생일을 물어봤는데, 얼마 지나지 않았습니다.
축하해주려고 할 때, 어떤 표현을 사용할까요?

A **あなたのお誕生日はいつですか。**
　아나타노오탄죠-비와이츠데스카

　당신의 생일은 언제입니까?

B **7月7日です。**
　시치카츠나노카데스

　7월 7일입니다.

A **先週でしたね。おめでとうございます。**
　센슈-데시타네 오메데토-고자이마스

　지난주였네요. 축하드려요.

B **ありがとうございます。**
　아리가토-고자이마스

　감사합니다.

● 축하할 일에는「おめでとうございます」라고 말하면 됩니다. 이에 대한 대답은 '감사합니다'로「あり
がとうございます」혹은「どうも」라고 간단하게 말해도 괜찮습니다.

📌 단어

先週 지난주

77

짚고 넘어가는 문법

01 ~월

'월'은 앞에 오는 숫자에 관계없이 がつ만 붙여주면 됩니다.

1월	2월	3월	4월	5월	6월
いちがつ	にがつ	さんがつ	しがつ	ごがつ	ろくがつ
一月	二月	三月	四月	五月	六月
7월	8월	9월	10월	11월	12월
しちがつ	はちがつ	くがつ	じゅうがつ	じゅういちがつ	じゅうにがつ
七月	八月	九月	十月	十一月	十二月

02 1일 ~ 10일

한국어는 날짜를 말할 때, 숫자를 그대로 쓰고 마지막에 '일'만 붙여주면 되지만 일본어는 '일'을 말할 때에 규칙이 따로 있습니다. 특히, 1일에서 10일까지는 순 일본어를 쓰기 때문에 주의해야 합니다. 쓸 때는 1日, 혹은 一日이라고 쓰지만 읽을 때에는 전혀 다르게 つ いたち라고 읽습니다. 10일까지는 따로 日를 붙이진 않습니다.

1일	2일	3일	4일	5일
ついたち	ふつか	みっか	よっか	いつか
一日	二日	三日	四日	五日
6일	7일	8일	9일	10일
むいか	なのか	ようか	ここのか	とおか
六日	七日	八日	九日	十日

'4일'과 '8일'의 발음이 유사하니, 조심해야 합니다.
4일은 '욧카'라고 짧게 발음하고, 8일은 '요-카' 하고 길게 발음합니다.
들을 때, 주의해서 들어야 정확한 날짜를 헷갈리지 않겠죠?

예 しがつ みっか　　　　　　4월 3일
예 じゅういちがつ ここのか　　　11월 9일

03 11일 ~ 31일

11일부터 마지막 날까지는 배운 숫자 표현에 にち만 붙여주면 됩니다. 다만, 14일, 20일, 24일은 주의해야 합니다. 14일은 じゅうよんにち라고 하지 않고 じゅうよっか라고 합니다. じゅうよんにち라고 해도 의사소통에는 문제가 없지만 대부분 じゅうよっか를 사용합니다. 또한, 20일은 순 일본어로 はつか라고 읽으니 유의하세요!

11일	12일	13일	14일	15일
じゅういちにち	じゅうににち	じゅうさんにち	じゅうよっか	じゅうごにち
十一日	十二日	十三日	十四日	十五日
16일	17일	18일	19일	20일
じゅうろくにち	じゅうしちにち	じゅうはちにち	じゅうきゅうにち じゅうくにち	はつか
十六日	十七日	十八日	十九日	二十日
21일	22일	23일	24일	25일
にじゅういちにち	にじゅうににち	にじゅうさんにち	にじゅうよっか	にじゅうごにち
二十一日	二十二日	二十三日	二十四日	二十五日

26일	27일	28일	29일	30일
にじゅうろくにち 二十六日	にじゅうしちにち 二十七日	にじゅうはちにち 二十八日	にじゅうきゅうにち ・にじゅうくにち 二十九日	さんじゅうにち 三十日

31일
さんじゅういちにち 三十一日

㉠ にがつ じゅうよっか　　　　2월 14일
㉠ ごがつ さんじゅうにち　　　5월 30일

04 가족 호칭

일본은 본인의 가족을 부르는 호칭과 상대방의 가족을 부르는 호칭이 다릅니다. 상대방의 가족을 높여서 부릅니다. 하지만, 현대에는 자신의 가족에게도 お父さん, お母さん이라고 부르기도 합니다.

	내 가족	상대방 가족
아버지	ちち(父)	お父さん
어머니	はは(母)	お母さん
형, 오빠	あに(兄)	お兄さん
누나, 언니	あね(姉)	お姉さん
남동생	おとうと(弟)	弟 さん
여동생	いもうと(妹)	妹 さん

예 父の誕生日は１月２４日です。 아빠 생일은 1월 24일입니다.

예 おとうとの誕生日は７月３０日です。 남동생 생일은 7월 30일입니다.

연결형 ' ~ 이고' で

두 문장을 연결해주는 역할을 하는 '~이고'는 ~ で입니다.

예를 들어, '아들 생일은 7월 2일이고, 딸 생일은 9월 19일입니다.'라는 문장은 「むすこの誕生日は７月2日で、むすめの誕生日は9月１９日です」로, 바로 で를 붙여 연결해주면 됩니다.

예 私の誕生日は１月１日で、彼女の誕生日は８月8日です。

제 생일은 1월 1일이고, 여자친구 생일은 8월 8일입니다.

예 明日は６月１２日で、金曜日です。 내일은 6월 12일이고, 금요일입니다.

🐱 추가 표현

생일은 나이를 한 살 더 먹게 되는 날이기도 합니다. '나이'는 어떻게 표현할까요?

먼저 '~살'은 さい(才)라고 합니다. '몇 살이에요?'라고 물을 땐, 「なんさいですか」라고 물을 수도 있지만 상대방에게 무례하게 들릴 수도 있습니다. 정중하게 여쭤볼 땐, 「おいくつですか」라고 묻는 편이 좋습니다. 또, 본인의 나이를 이야기할 때에는 숫자 뒤에 さい 만 붙이면 됩니다. 예외적으로, 스무 살은 はたち라고 합니다.

예 今年、おいくつですか。 올해, 나이가 어떻게 되세요?

예 私はにじゅうごさいです。 저는 스물다섯 살입니다.

Q1 상대방에게 생일을 물어볼 때, 어떻게 물어볼까요?

· 당신의 생일은 몇 월 며칠입니까?

_____

Q2 내 생일 날짜, 어떻게 말할까요?   (여러분 본인의 생일을 말해보세요)

· 제 생일은 0월 0일입니다.

_____

Q3 주어진 어휘에 해당하는 뜻을 알맞게 연결하세요.

1 かぞく   ·   · a 너, 자네

2 おかあさん   ·   · b 딸

3 むすめ   ·   · c 엄마

4 きみ   ·   · d 가족

Q4 빈칸에 들어갈 알맞은 말을 고르세요.

1 明日は彼氏_____誕生日です。내일은 남자친구 생일입니다.

   a. は   b. が   c. の   d. も

2 あさっては1月_____です。모레는 1월 1일입니다.

   a. ふつか   b. ついたち   c. ここのか   d. いつか

3 _____ですか。몇 살입니까?

   a. おいくつ   b. なんざい   c. いくら   d. なんにち

Q5 앞에서 배운 어휘로 직접 문장을 만들어 봅시다.

1 당신의 생일은 몇월 며칠입니까?

_____

2 제 생일은 9월 2일입니다.

_____

3 스무 살, 축하드립니다.

_____

4 올해, 몇 살입니까?

_____

궁금한데 잘 알려주지 않는 일본어

Q '너/당신'을 뜻하는 あなた, きみ는 어떻게 다른가요? 아무거나 사용해도 괜찮을까요?

A 정중하게 상대방을 부르는 호칭은 あなた가 적절합니다. 일본은 '나'를 지칭하는 말이 여러 가지였던 것처럼 상대방을 부르는 호칭도 여러 가지가 있습니다.

きみ는 나보다 높은 사람을 부를 때는 사용할 수 없습니다. 동등하거나, 나보다 낮은 사람에게 할 수 있는 말로 '너' 혹은 '자네' 정도로 해석할 수 있습니다.

또한, 정말 절친한 친구끼리는 おまえ라는 호칭으로도 부를 수 있습니다.

Q 어떤 명사 앞에는 お를 붙이고 어떤 명사 앞에는 ご를 붙이는데 특별한 원칙이 있나요?

A 명사 앞에 お 나 ご를 붙이는 것은 상대방에 대한 존경을 나타내거나, 단지 조금 더 예쁘게, 품위 있게 전달하기 위한 미화의 용도로 사용합니다. 대게 고유의 일본어(훈독으로 읽힐 경우) 앞에는 お를, 한자어(음독으로 읽힐 경우) 앞에 ご를 붙입니다.

예를 들어, お水(물)、お仕事(일)、ご家族(가족)、ご利用(이용) 등이 있습니다. 하지만 일상생활에서 자주 쓰이는 말은 한자어라도 お料理(요리)、お食事(식사)처럼 お를 붙이는 경우가 많습니다.

즉, 철저한 규칙은 존재하지 않으며 새로운 어휘를 접할 때마다 암기할 수밖에 없습니다.

7강

しんぱいが
あります。
걱정이 있습니다.

MP3
듣기 / 다운로드

생각해 보세요

Q1. 걱정을 터놓고 싶을 때, "걱정이 있
어."라고 어떻게 말할까요?

Q2. 상대방에게 위로의 말을 건넬 때, 어
떤 표현이 있을까요?

필수 어휘

오늘 배울 표현에 대한 필수 어휘입니다. 다음 빈칸에 들어갈 말을 직접 써보세요. 🎧 07_01.mp3

독음	일본어	한국어
나야미	なやみ	고민, 걱정
심빠이	しんぱい	
	人 ひと	사람
몬다이		문제
갓코우	学校 がっこう	
카이샤	家 いえ	회사
		집
	犬 いぬ	개
네코		고양이
오카네		돈
	仕事 しごと	일
코토	こと	
닌겐칸케-		사람관계
	恋愛 れんあい	연애
모시카시테	もしかして	
이지메루	いじめる	
타다	ただ	

정답

걱정 | 히토 | 問題
もんだい | 학교 | 会社
かいしゃ | 이에 | 이누 | ねこ | お金
かね | 시고토
| 일, 것(추상적인 대상) | 人間関係
にんげんかんけい | 렝아이 | 혹시 | 괴롭히다 | 그냥

01 고민이 있습니다.
なやみがあります。

02 어떤 고민입니까?
どんななやみですか。

03 회사 일입니다.
かいしゃのことです。

04 일은 어떻습니까?
しごとはどうですか。

05 혹시 걱정이라도 있습니까?
もしかしてしんぱいでもありますか。

🌲 단어 🌲

どんな 어떤 | ~でも ~(이)라도

회화 표현

07_03.mp3

반말 상황

가족들과 함께 식사 중, 고민거리를 털어놓으려고 합니다.
어떻게 운을 띄울 수 있을 까요?

A 私、なやみがある。

와타시 나야미가아루

나, 고민이 있어.

B なに? もしかしていじめる人とかいる?

나니 모시카시테이지메루히토토카이루

뭐? 혹시 괴롭히는 사람이라도 있어?

A いや、ただ学校での人間関係がしんぱい。

이야 타다갓코-데노닌겐칸케-가심빠이

아니, 그냥 학교에서 인간관계가 걱정이야.

B そうか。何?

소-까 나니

그래? 뭔데?

- いじめる는 '괴롭히다'라는 기본형 그대로 '사람'을 뜻하는 ひと 앞에 붙이면 '괴롭히는 사람'이라는 뜻이 됩니다. 동사가 명사를 수식할 때에는 변형없이 그대로 사용합니다.
- '아니'라고 짧게 부정형으로 대답하는 경우, 「ううん」이라고 답할 수도 있지만 위 대화에서처럼 「いや」라는 표현을 사용할 수도 있습니다.

오늘 배울 표현을 생생한 대화로 들어보세요.
친한 친구와 밥상머리에서 나눌 수 있는 편안한 표현과 격식을 갖춰야 할 자리의 표현을 비교해 보세요.

 존댓말 상황   🎧 07_04.mp3

일에 대한 스트레스가 있어, 직장동료에게 걱정을 털어놓으려고 합니다.
어떻게 말할 수 있을까요?

A 私、なやみがあります。

와타시 나야미가아리마스

저, 고민이 있습니다.

B 何ですか。恋愛の問題ですか。

난데스카 렌아이노몬다이데스까

무엇입니까? 연애 문제입니까?

A いいえ、ただ仕事のことがしんぱいです。

이이에 타다시고토도코토가심빠이데스

아니요, 그냥 일이 걱정입니다.

B そうですか。何が問題ですか。

소-데스까 나니가몬다이데스까

그래요? 무엇이 문제입니까?

● しごとのこと에서 こと는 직역하면 '일의 것'이 되어 어색하지만, こと는 어떤 사고의 대상이 되는 것들 뒤에 종종 붙입니다. 이 경우, 굳이 한국어로 따로 해석하지 않아도 되며 자연스러운 회화표현이기 때문에 익숙해지면 자연스러운 문장을 만들 수 있습니다.

🌲 단어 🌲

で ~에서 | とか ~라던지, ~ (이)라도

짚고 넘어가는 문법

01 있다

모든 존재하는 것을 말할 때, '있다'라는 표현을 사용하는데, 살아있지 않은 '사물'일 때와 살아있는 '생물'일 때를 각각 다르게 표현합니다. 생명이 없는 '사물'의 경우 あ**る**라고 하며, 생명이 있는 '생물' 일 경우 い**る**라고 합니다. 단, 식물은 '사물'로 취급하며, 눈에 보이지 않는 추상적인 것들 역시 '사물'로 취급하여 あ**る** 로 표현합니다.

예 かばんの中にお金がある。 가방 안에 돈이 있다.
예 家に犬がいる。 집에 개가 있다.

02 있습니다

'있다'의 존중형 역시 '사물'과 '생물'을 구분하여 사용합니다. 사물은 あります, 생물은 います라고 합니다.

예 さいきん、しんぱいがあります。 요즘, 걱정이 있습니다.
예 ねこはここにいます。 고양이는 여기에 있습니다.

03 없다

'없다'도 마찬가지로 그 대상이 '사물'일 때와 '생물'일 때 구분하여 사용합니다. '사물'이 없을 때에는 な**い** , '생물'이 없을 때에는 い**ない**라고 합니다.

예 私のコップがない。 내 컵이 없다.
예 家に犬はいない。 집에 개는 없다.

04 없습니다

'없다' 의 존중형도 '사물'과 '생물'을 구분하여 사용합니다. 사물은 ありません, 생물은 い
ません라고 합니다. 혹은 기본 부정형에 です만 붙이기도 합니다.

예 私の本がありません。 내 책이 없습니다.

= 私の本がないです。

예 私はいもうとはいません。 저는 여동생은 없습니다.

= 私はいもうとはいないです。

05 있었다, 없었다

'있다'의 과거형은 사물일 경우 あった, 생물일 경우 いた라고 합니다. 또한, '없다'는 사
물일 경우 なかった, 생물일 경우 いなかった라고 표현합니다.

예 あそこにかばんがあった。 저기에 가방이 있었다.

예 家に父がいた。 집에 아빠가 있었다.

예 日本語の本はなかった。 일본어 책은 없었다.

예 ここに犬はいなかった。 여기에 개는 없었다.

06 있었습니다, 없었습니다

'있었습니다'의 뜻을 가진 과거존중형은 사물일 경우 ありました, 생물일 경우 いました 라고 합니다. 반대로 '없었습니다'는 사물일 경우 ありませんでした 혹은 なかったです, 생물일 경우 いませんでした 혹은 いなったです라고 합니다.

예 メニューにおこのみやきがありました。 메뉴에 오코노미야키가 있었습니다.
　　메뉴　　오코노미야키 (일본식 부침요리)

예 きょうしつに先生がいました。 교실에 선생님이 있었습니다.
　　교실

예 お金はここにありませんでした。 돈은 여기에 없었습니다.
　　= お金はここになかったです。

예 兄は家にいませんでした。 형은 집에 없었습니다.
　　= 兄は家にいなったです。

07 의문형

'있어?' '있었어?' 등 반말 형태로 의문문을 만들 때, 회화에서는 끝을 올려서 말하면 됩니다. か를 붙이기도 하지만 대개 끝을 올려주는 것으로 간단하게 말합니다. 존중형의 경우, 완결된 문장 끝에 か만 붙여주면 됩니다.

예 きのうどこにいた？ 어제 어디에 있었어?

예 ペンはどこにありますか。 펜은 어디에 있습니까?
　　펜

예 のみものはありませんか。 음료는 없습니까?
　　음료

위치 표현

어떠한 위치에 무언가가 '있다'고 표현할 때, 사용할 수 있는 위치 표현들입니다.

위	아래	안, 속	겉, 박
うえ	した	なか	そと
上	下	中	外
앞	뒤	오른쪽	왼쪽
まえ	うしろ	みぎ	ひだり
前	後ろ	右	左

예 テーブルの下にねこがいる。 테이블 아래에 고양이가 있다.

예 いすの上に本がある。 의자 위에 책이 있다.

예 かばんの中にぺんがあります。 가방 안에 펜이 있습니다.

추가 표현

상대방이 걱정거리를 털어놓을 때, 우리는 '힘내'라고 응원을 하기도 합니다. 이때, 사용할 수 있는 적절한 표현은 어떤 것들이 있을까요?

예 괜찮아요. 大丈夫です。

예 유감이네요. ざんねんですね。

예 힘냅시다. がんばりましょう。

예 기운 내세요. 元気だしてください。

Q1 걱정을 터놓고 싶을 때, "걱정이 있어."라고 어떻게 말할까요?

· 저 걱정이 있습니다.

_____

Q2 상대방에게 위로의 말을 건넬 때, 어떤 표현이 있을까요?

· 기운 내세요.

_____

· 괜찮아요.

_____

* '있다'와 '없다'는 대상에 따라 어휘가 각각 달라지기 때문에, 말을 할 때 한 번 더 생각해야 하는 번거로움이 있습니다. 하지만, 반복적인 연습을 통해 충분히 자연스럽게 말할 수 있습니다. 낯설기 때문에 어렵게 느껴지는 것이기에 언어는 익숙해지는 것이 답입니다!

Q3 주어진 어휘에 해당하는 뜻을 알맞게 연결하세요.

1 もんだい ·   · a 개

2 ひと ·   · b 문제

3 いぬ ·   · c 사람

4 ねこ ·   · d 고양이

Q4 빈칸에 들어갈 알맞은 말을 고르세요.

1 さいきん、会社_____なやみがあります。 요즘 회사에서 걱정이 있습니다.

　　a. で　　　　　b. て　　　　　c. が　　　　　d. に

2 恋愛の_____が問題です。 연애가 문제입니다.

　　a. とこ　　　　b. こと　　　　c. どこ　　　　d. ここ

3 テーブルの上に本が_____。 테이블 위에 책이 있습니다.

　　a. います　　　b. いません　　　c. あります　　　d. ありません

Q5 앞에서 배운 어휘로 직접 문장을 만들어 봅시다.

1 나는 고민이 없어.

_____

2 혹시 요즘 고민이라도 있습니까?

_____

3 집 앞에 개가 있습니다.

_____

4 괜찮아요. 기운 내세요.

_____

궁금한데 잘 알려주지 않는 일본어

Q なやみ와 しんぱい 모두 걱정, 고민이라는 뜻을 가지고 있는데 뉘앙스의 차이 없이 사용할 수 있나요? 차이점이 있나요?

A なやみ와 しんぱい 모두 비슷하게 사용할 수 있지만, なやみ는 조금 더 '고민거리'에 가깝습니다.

선택의 기로에 서 있을 때 무엇을 선택해야 할지 몰라 '고민'하는 느낌이 강하다면 なやみ를 사용하며, 상대적으로 しんぱい는 어떤 상황에 앞서 불안하고 초조한 '걱정'이라는 감정적 상태를 표현합니다.

Q こと, 쓰임이 생소해요. '어떤 일'이라면 다 붙여도 되나요?

A 한국어에서 찾을 수 없는 문법이기 때문에 낯설게 느껴지고, 한국인들이 잘 활용하지 못하는 문법 중에 하나입니다. 크게는 '사람이나 사물과 관련된 어떠한 일'이라는 광범위한 의미를 포함하고 있으며 말하는 사람 자신의 개인적인 '사실, 경험, 습관, 판단' 등을 나타내는 경우가 많습니다.

예를 들어, '저는 당신을 좋아합니다'라고 하면 「わたしはあなたがすきです」라고 해도 되지만, 사람과 관련된 나의 개인적인 사실을 표현하는 것이기 때문에 「わたしはあなたのことがすきです」라고 할 수도 있습니다. 꼭 사람이 아니더라도 어떠한 사건도 마찬가지입니다. '시험이 걱정입니다'는 「しけんがしんぱいです」라고 해도 되지만, 「しけんのことがしんぱいです」라고 할 수도 있습니다. 꼭 써야 하는 것은 아니니, 없이 사용해도 괜찮습니다. 하지만 많이 사용하는 문법이기 때문에 알아두면 상대방이 말할 때, 듣고 이해하기 편합니다.

8강

韓国(かんこく)へ
いくつもりです。
한국에 갈 예정입니다.

MP3
듣기 / 다운로드

생각해 보세요

Q1. 상대방에게 주말 계획을 물어볼 때 어떻게 할까요?

Q2. 내일 계획을 말할 때, 어떤 표현을 사용할까요?

필수 어휘

오늘 배울 표현에 대한 필수 어휘입니다. 다음 빈칸에 들어갈 말을 직접 써보세요.　🎧 08_01.mp3

독음	일본어	한국어
토모다치	友達	친구
오사케		술
	映画	영화
	ゲーム	게임
카훼		카페
나츠야스미	夏休み	
	ダイエット	다이어트
아소부	あそぶ	
이쿠	いく	
타베루		먹다
노무		마시다
쿠루		오다
	おもう	생각하다
데카케루	でかける	
호톤도	ほとんど	
토쿠니		특별히

🎐 정답 🎐

お酒 | 에―가 | 게―무 | カフェ | 여름방학 | 다이엣토 | 놀다 | 가다 | たべる | のむ | くる | 오모우 | 외출하다 | 거의 | とくに

🎧 08_02.mp3

01 친구들과 영화를 볼 예정입니다.
ともだちとえいがをみるつもりです。

02 내일부터 다이어트 할 예정입니다.
あしたからダイエットするつもりです。

03 여름방학에는 일본에 갈 예정입니다.
なつやすみにはにほんへいくよていです。

04 게임은 하지 않습니다.
ゲームはしません。

05 술은 거의 마시지 않습니다.
おさけはほとんどのみません。

🌲 단어 🌲

あした 내일 │ にほん 일본

회화 표현

🍙 반말 상황　　　　　　　　　　　　🎧 08_03.mp3

온 가족이 모여 식사를 하는 중, 엄마가 아들에게 내일 무엇을 하는지 묻습니다.
어떻게 물어볼까요?

A **明日、なにする?**

あした

아시타 나니스루

내일 뭐해?

B **友達とあそぶつもり。**

ともだち

토모다치토아소부츠모리

친구들이랑 놀 거야.

A **じゃあ、ばんごはんはどうする?**

쟈아 방고항와도우스루

그럼, 저녁밥은 어떡해?

B **外でたべるとおもう。**

そと

소토데타베루토오모우

밖에서 먹을 것 같아.

●「たべるとおもう」에서 とおもう는 직역하면 '~라고 생각하다'라는 뜻입니다. 이는 동사의 완결형 뒤
에 그대로 붙여서 '~ 인 것 같다' 혹은 '~인 것이다'라고 보통 해석합니다. 따라서, 「たべるとおもう」
는 '먹을 것 같아'라는 뜻입니다.

존댓말 상황

🎧 08_04.mp3

휴가를 앞두고 직장동료에게 휴가 계획을 이야기하고자 합니다.
어떤 표현을 사용할까요?

A **あさってから休みですか。**

아삿테카라야스미데스카

모레부터 휴가입니까?

B **はい、そうです。韓国へいくよていです。**

하이 소우데스 캉코쿠에이쿠요테-데스

네, 그렇습니다. 한국에 갈 예정입니다.

A **そうですか。週末までいるつもりですか。**

소우데스카 슈-마츠마데이루추모리 데스카

그렇습니까. 주말까지 있을 예정입니까.

B **いいえ、その前にくるとおもいます。**

이이에 소노마에니쿠루토오모이마스

아니오, 그 전에 올 것 같습니다.

● よてい는 발음할 때, '요.테.이'라고 하나하나 발음하지 않고, '요테-'처럼 '이' 소리는 거의 나지 않고, 테를 길게 발음합니다. 이를 장음이라고 합니다. '에' 소리가 나는 え단 뒤에 え 또는 い가 오면 え단 의 음절을 길게 발음합니다.

🌲 단어 🌲

とおもう ~라고 생각하다

101

짚고 넘어가는 문법

01 동사의 기본형

' ~다'와 같은 동사의 기본형은 마지막 음절이 항상 '우' 소리를 내는 る、む、す와 같은 う단으로 끝납니다. 그리고 동사의 활용 규칙에 따라 세 가지 그룹으로 나뉩니다. 그룹에 따라 활용 방식이 다르게 적용되니 각 그룹의 동사들의 특징을 잘 알아야 합니다. 물론, 예외 동사도 있지만 대부분의 동사의 변형은 아래 그룹의 규칙에 따라 결정됩니다. 1그룹 동사는 2그룹 동사와 3그룹 동사를 제외한 모든 동사라고 생각하면 쉽습니다.

1그룹 동사	る 이외의 う단으로 끝나는 동사 예 おもう 생각하다 | あそぶ 놀다 | いく 가다 | のむ 마시다 る로 끝나는 데 る앞의 음이 あ단, う단, お단인 동사 예 わかる 알다 | つくる 만들다
2그룹 동사	る로 끝나면서 앞의 음이 い단, え인 동사 예 たべる 먹다 | みる 보다
3그룹 동사	불규칙한 활용을 하는 동사로 딱 두 가지 동사뿐 예 する 하다 | くる 오다

예 ごはんをたべる。 밥을 먹다.
_{(조사) ~을/를}
예 コーラをのむ。 콜라를 마시다.

02 동사의 정중형

동사의 기본형을 정중형으로 변형할 때에는 「ます」를 붙이면 됩니다. 그러면 '~합니다' 라는 뜻이 됩니다. 동사의 그룹에 따라 활용 형태가 달라지기 때문에 잘 숙지해야 합니다. ます 앞에 오는 어간을 'ます형'이라고 합니다.

오늘 학습할 어떤 계획이나 미래 표현 및 동사에 대한 기본 문법입니다.
이것만큼은 꼭 알고 넘어가세요.

1그룹 동사	어미 う단을 い단으로 바꾸고 ます를 붙임	あそぶ 놀다 → あそびます 놉니다 いく 가다 → いきます 갑니다 のむ 마시다 → のみます 마십니다
2그룹 동사	어미 る를 ます로 바꿈	たべる 먹다 → たべます 먹습니다 みる 보다 → みます 봅니다
3그룹 동사	불규칙 동사	する 하다 → します 합니다 くる 오다 → きます 옵니다

예 映画をみます。영화를 봅니다.
예 ゲームをします。 게임을 합니다.

03 동사의 부정표현

'~하지 않습니다'와 같이 부정형으로 만들 때에는 ます형에 ません 을 붙이면 됩니다.

1그룹 동사	어미 う단을 い단으로 바꾸고 ません을 붙임	あそぶ 놀다 → あそびません 놀지 않습니다 いく 가다 → いきません 가지 않습니다 のむ 마시다 → のみません 마시지 않습니다
2그룹 동사	어미 る를 ません으로 바꿈	たべる 먹다 → たべません 먹지 않습니다 みる 보다 → みません 보지 않습니다
3그룹 동사	불규칙 동사	する 하다 → しません 하지 않습니다 くる 오다 → きません 오지 않습니다

예 お酒はほとんどのみません。 술은 거의 마시지 않습니다.
예 私 はパンはたべません。 저는 빵은 먹지 않습니다.

04 '~에'를 나타내는 に와 へ

に와 へ는 둘 다 '~에'를 뜻하는 조사지만 그 쓰임이 조금씩 다릅니다.

	に	へ
시간	3時にいきます。(O) 3시에 갑니다.	3時へいきます。(X) 3시에 갑니다.
장소	활용 : 움직이는 동선이 확인 가능 + 어떠한 한 지점 学校にいます。(O) 학교에 있습니다. 学校にいきます。(O) 학교에 갑니다.	활용 : 움직이는 동선이 확인 가능 学校へいます。(X) 학교에 있습니다. 学校へいきます。(O) 학교에 갑니다.

조사 に는 시간과 장소 둘 다 나타낼 수 있으며, 장소를 나타낼 때에도 움직임이 있거나 '학교에 있다.'처럼 움직임이 없는 한 지점을 말할 때 사용합니다. 조사 へ는 시간표현으로는 사용할 수 없으며, '가다'처럼 움직임, 혹은 방향성이 있는 경우에만 사용할 수 있습니다.

예 私は友達とカフェへいきます。 저는 친구와 카페에 갑니다.
　　　　　　(조사) ~와/과
예 母は家にいます。 엄마는 집에 있습니다.

05) ~ 할 생각이다, ~할 작정이다

동사의 기본형 뒤에 つもり를 붙이면 '~할 생각'이라는 뜻입니다. 어떠한 계획이나 미래의 일을 예정하는 표현입니다. 정중형은 です를 붙여주면 됩니다.

예) 今_{いま}からでかけるつもりだ。 지금부터 외출할 생각이다.
예) 明日_{あした}から会社_{かいしゃ}にいくつもりです。 내일부터 회사에 갈 생각입니다.

06) ~할 예정이다

동사의 기본형 뒤에 よてい를 붙이면 정해진 일정이나 계획을 말할 수 있습니다. 상대적으로 つもり보다는 확실한 일정으로, 여행 계획을 미리 짜 놓았거나 졸업 예정 등 미래 변동 가능성이 거의 없는 상황에 주로 사용합니다. 정중형은 です를 붙여주면 됩니다.

예) 夏休_{なつやす}みには日本_{にほん}へいくよていだ。 여름휴가 때에는 일본에 갈 예정이다.
예) 来年_{らいねん}、 そつぎょうするよていです。 내년에 졸업할 예정입니다.
　　　　　　졸업

🐱 추가 표현

무엇을 할 예정입니까?라고 물을 때 「何_{なに}をするつもりですか」혹은 「何_{なに}をするよていですか」라고 물을 수도 있지만 다른 표현도 한번 알아보겠습니다.
'무언가 계획 있습니까?'라고도 물어볼 수 있겠죠. 이는 「何_{なに}かけいかくありますか」라고 합니다. 또한, '특별히 계획은 없습니다'라고 답하고 싶다면 「とくにけいかくはありません」라고 하면 됩니다.

예) 週末_{しゅうまつ}のけいかくはありますか。 주말 계획은 있습니까?
예) とくに休_{やす}みのけいかくはありません。 특별히 휴가 계획은 없습니다.

학습 후 Check

Q1 상대방에게 주말 계획을 물어볼 때 어떻게 할까요?

• 주말에 무엇을 할 예정입니까?

_____

Q2 내일 계획을 말할 때, 어떤 표현을 사용할까요?

• 내일은 친구와 놀 생각입니다.

_____

* 동사 표현에 대해서 처음 배워봤습니다. 동사는 형태에 따라 세 그룹으로 나뉘고, 그룹에 따라 변형이 달라지기 때문에 각 동사들이 어떠한 특징이 있는지 잘 숙지해야 합니다. 그러면 어떠한 새로운 동사를 만날지라도 자유자재로 직접 변형할 수 있겠죠?

Q3 주어진 어휘에 해당하는 뜻을 알맞게 연결하세요.

1 たべる   ·   · a 마시다

2 のむ   ·   · b 오다

3 くる   ·   · c 먹다

4 おもう   ·   · d 생각하다

Q4 빈칸에 들어갈 알맞은 말을 고르세요.

1 お酒はの＿＿＿ません。술은 마시지 않습니다.

    a. ま   b. み   c. む   d. め

2 来週、日本＿＿＿いくつもりです。다음 주, 일본에 갈 예정입니다.

    a. を   b. が   c. え   d. へ

3 明日は何＿＿＿けいかくがありますか。내일은 무언가 계획이 있습니까?

    a. か   b. が   c. を   d. は

Q5 앞에서 배운 어휘로 직접 문장을 만들어 봅시다.

1 다음 주부터 여름방학입니까?

＿＿＿＿＿＿＿＿＿＿＿＿＿＿＿＿＿＿＿＿＿＿＿＿＿

2 내일부터 다이어트 할 생각입니다.

＿＿＿＿＿＿＿＿＿＿＿＿＿＿＿＿＿＿＿＿＿＿＿＿＿

3 이번 주, 뭔가 계획 있어요?

＿＿＿＿＿＿＿＿＿＿＿＿＿＿＿＿＿＿＿＿＿＿＿＿＿

4 영화를 볼 예정입니다.

＿＿＿＿＿＿＿＿＿＿＿＿＿＿＿＿＿＿＿＿＿＿＿＿＿

궁금한데 잘 알려주지 않는 일본어

Q 복수를 나타내는 '들'이라는 표현이 たち면 '친구들' 할 때, ともだちたち 라고 하나요?

A   ともだち는 '친구'라는 뜻을 가지고 있지만 '친구, 벗'이라는 뜻을 가진 とも에 복수를 나타내는 たち를 붙인 형태입니다. 따라서, '친구들'이라는 뜻을 포함하고 있는 단어로 단수, 복수 둘 다 사용 가능합니다.
　　또한, ともだち 에서만 だち로 쓰며, 이 외에는 어떠한 대상 뒤에 たち를 붙여 '~ 들'과 같은 복수를 나타냅니다.

Q おさけ는 '일본 술' 아닌가요?

A   한국에서는 さけ라고 하면 흔히 '일본 술'을 뜻하지만 さけ는 원래 '술'이라는 뜻으로 모든 종류의 술을 일컫는 말입니다. 그리고 단어 앞에 お를 붙여 조금 더 정중하게 표현한 형태가 おさけ입니다.

9강

きのうはなにを
しましたか。
어제는 무엇을 했습니까?

MP3
듣기 / 다운로드

생각해 보세요

Q1. 상대방에게 어제 무엇을 했는지 어떻게 물어볼까요?

Q2. 오늘 있었던 일에 대해 설명할 때, 어떤 표현을 사용할까요?

필수 어휘

오늘 배울 표현에 대한 필수 어휘입니다. 다음 빈칸에 들어갈 말을 직접 써보세요. 🎧 09_01.mp3

독음	일본어	한국어
삿카-	サッカー	축구
코-히-	コーヒー	
테레비	テレビ	
	せんぱい	선배
테가미		편지
	勉強	공부
	中国語	중국어
게-노진		연예인
아쿠비	あくび	
오모시로이		재미있다
히사시부리		오랜만
스루	する	
	やる	하다
카츠	かつ	
	会う	만나다
카쿠		쓰다
	いっしょに	함께, 같이

🔖 정답 🔖

| 커피 | TV | 셈빠이 | 手紙 | 벵쿄- | 츄-고쿠고 | げいのうじん | 하품
| おもしろい | ひさしぶり | 하다 | 야루 | 이기다 | 아우 | かく | 잇쇼니

01
어제는 축구를 했습니다.
きのうはサッカーをしました。

02
오랜만에 선배를 만났습니다.
ひさしぶりにせんぱいにあいました。

03
중국어 공부를 했습니다.
ちゅうごくごのべんきょうをしました。

04
친구와 함께 커피를 마셨습니까?
ともだちといっしょにコーヒーをのみましたか。

05
오랜만에 편지를 썼습니다.
ひさいぶりにてがみをかきました。

🌲 단어 🌲

きのう 어제

회화 표현

 반말 상황 🎧 09_03.mp3

가족들과 저녁식사를 하며, 오늘 있었던 일들을 각자 공유합니다.
과거 표현을 어떻게 사용할까요?

A 今日は学校で何した?

쿄-와각코데나니시타

오늘은 학교에서 뭐했어?

B 昼やすみにサッカーしたよ。

히루야스미니삿카-시타요

점심시간에 축구했어.

A そう? どうだった?

소- 도-닷타

그래? 어땠어?

B せんぱいたちとやったけどかった!

셈빠이타치토얏타케도캇타

선배들과 했는데 이겼어!

● けど는 けれども의 회화체로, '～(하)지만'이라는 뜻을 가지고 있습니다. 보통 앞의 내용과 대립하는
내용을 연결해 줍니다. 그래서 A문장과 B문장 사이에 けど를 넣으면 'A ～(이)지만 B 하다'라고 해석
합니다. 그래서, やった는 '했다'라는 뜻이기 때문에 뒤에 けど를 붙여서 '했지만'이라고 해석할 수 있
습니다.

오늘 배울 표현을 생생한 대화로 들어보세요.
친한 친구와 밥상머리에서 나눌 수 있는 편안한 표현과 격식을 갖춰야 할 자리의 표현을 비교해 보세요.

 존댓말 상황　　　　　　　　　　　　　🎧 09_04.mp3

회사 동료와 주말에 있었던 일들을 공유하고자 합니다.
먼저 어제 무엇을 했는지, 어떻게 물어볼까요?

A **昨日、何をしましたか。**
　　키노- 나니오시마시타카

　　어제, 무엇을 했습니까?

B **ひさしぶりに友達に会いました。**
　　히사시부리니토모다치니아이마시타

　　오랜만에 친구를 만났습니다.

A **そうですか。友達と何をしましたか。**
　　소-데스카 토모다치토나니오시마시타카

　　그래요? 친구와 무엇을 했습니까?

B **おもしろい映画をみました。**
　　오모시로이에-가오미마시타

　　재미있는 영화를 봤습니다.

● '만나다'를 뜻하는 会う는 '~를 만나다'라고 할 때에는 항상 조사 に를 사용합니다. 해석할 때에는 '~
를'이라고 해석하지만 그대로 を를 사용하면 틀린 문법이 됩니다. 실생활에서 그대로 번역해서 말하려
다 보니 가장 많이 하는 실수 중에 하나이기 때문에 처음부터 ~に会う 로 암기해두면 좋습니다.

🌲 **단어** 🌲

けど ~이지만 (けれども의 준말)

113

짚고 넘어가는 문법

01 ~했다

동사의 기본형을 과거형으로 만들면 ~た로 끝이 납니다. '~했다'라는 뜻으로 과거의 동작이나 완료된 행동을 나타냅니다. 동사의 과거형 역시 각 그룹에 따라 규칙이 달라지지만 1그룹 안에서 조금 더 세분화되어 변형이 일어나니 꼼꼼히 체크해야 합니다.

1그룹 동사	く로 끝나는 동사 → く를 いた로 변형	かく 쓰다 → かいた 썼다
	ぐ로 끝나는 동사 → ぐ를 いだ로 변형	いそぐ 서두르다 → いそいだ 서둘렀다
	う,つ,る로 끝나는 동사 　　→ う,つ,る를 った로 변형	あう 만나다 → あった 만났다 わかる 알다 → わかった 알았다
	ぬ,ぶ,む로 끝나는 동사 　　→ ぬ,ぶ,む를 んだ로 변형	あそぶ 놀다 → あそんだ 놀았다 のむ 마시다 → のんだ 마셨다
	す로 끝나는 동사 → す를 した로 변형	はなす 말하다 → はなした 말했다
2그룹 동사	る를 た로 변형	たべる 먹다 → たべた 먹었다 みる 보다 → みた 봤다
3그룹 동사	불규칙 동사	する 하다 → した 했다 くる 오다 → きた 왔다

단, '가다' いく는 예외 동사로 いった로 변형합니다.

例 昨日、コーヒーをのんだ。 어제 커피를 마셨다.
　　_{きのう}
例 友達に会った。 친구를 만났다.
　　_{ともだち}　_あ

02 ~했습니다

존중형은 동사의 ます형에 ました를 붙여주면 됩니다.

1그룹 동사	어미 う단을 い단으로 바꾸고 ました를 붙임	あそぶ 놀다 → あそびました 놀았습니다 いく 가다 → いきました 갔습니다 のむ 마시다 → のみました 마셨습니다
2그룹 동사	어미 る를 ました로 바꿈	たべる 먹다 → たべました 먹었습니다 みる 보다 → みました 봤습니다
3그룹 동사	불규칙 동사	する 하다 → しました 했습니다 くる 오다 → きました 왔습니다

예 テレビをみました。 TV를 봤습니다.

예 おとうといっしょにきました。 남동생과 함께 왔습니다.

03 하지 않았다

1그룹 동사	어미 う단을 あ단으로 바꾸고 なかった를 붙임	あそぶ 놀다 → あそばなかった 놀지 않았다 いく 가다 → いかなかった 가지 않았다 のむ 마시다 → のまなかった 마시지 않았다
2그룹 동사	어미 る를 なかった로 바꿈	たべる 먹다 → たべなかった 먹지 않았다 みる 보다 → みなかった 보지 않았다
3그룹 동사	불규칙 동사	する 하다 → しなかった 하지 않았다 くる 오다 → こなかった 오지 않았다

예 昨日(きのう)は会社(がいしゃ)へいかなかった。 어제는 회사에 가지 않았다.

예 お酒(さけ)はのまなかった。 술은 마시지 않았다.

04 하지 않았습니다

1그룹 동사	어미 う단을 い단으로 바꾸고 ません でした를 붙임	あそぶ 놀다 → あそびませんでした 놀지 않았습니다 いく 가다 → いきませんでした 가지 않았습니다 のむ 마시다 → のみませんでした 마시지 않았습니다
2그룹 동사	어미 る를 ませんでした로 바꿈	たべる 먹다 → たべませんでした 먹지 않았습니다 みる 보다 → みませんでした 보지 않았습니다
3그룹 동사	불규칙 동사	する 하다 → しませんでした 하지 않았습니다 くる 오다 → きませんでした 오지 않았습니다

또한, '~지 않았다'를 뜻하는 なかった에 です만 붙여도 괜찮습니다.

예 映画をみませんでした。 영화를 보지 않았습니다.
　　＝映画をみなかったです。
예 友達にはなしませんでした。 친구에게 말하지 않았습니다.
　　＝友達にはなさなかったです。
　　　　[조사] ~에게

05 의문형

'했어?' '하지 않았어?' 등 반말 형태로 의문문을 만들 때, 회화에서는 끝을 올려서 말하면 됩니다. か를 붙이기도 하지만 대개 끝을 올려주는 것으로 간단하게 말합니다. 존중형의 경우, 완결된 문장 끝에 か만 붙여주면 됩니다.

예 友達といっしょにあそばなかった？ 친구랑 같이 놀지 않았어?
예 お母さんに手紙をかきましたか。 어머니에게 편지를 썼습니까?

06 ~이지만

문장과 문장을 연결해주는 접속조사로, '~이지만'을 뜻하는 けれども는 회화체에서 종종 けど로 사용합니다. 또한, 대부분 が로 바꾸어 쓸 수 있습니다. 이때의 が는 '이/가'를 뜻하는 조사가 아닌 접속조사입니다.

예 友達の家にいったけど、お母さんはいなかった。
= 友達の家にいったが、お母さんはいなかった。

친구 집에 갔지만 어머니는 계시지 않았다.

예 姉はいたけど、兄はいませんでした。
= 姉はいたが、兄はいませんでした。 누나는 있었지만 형은 없었습니다.

🐱 추가 표현

앞에서 배운 과거형을 통해 과거 경험을 이야기할 수 있습니다. ~た 형 뒤에 ことがあります를 붙이면 '~ 한 적이 있습니다'라는 뜻으로, 과거의 경험을 나타냅니다. 또한, '~한 적이 없습니다'라고 할 때에는 ~たことがありません이라고 하며, 경험을 물어볼 때에는 ~たことがありますか라고 합니다.

예 日本へいったことがありますか。 일본에 간 적이 있습니까?
예 中国語の勉強をしたことがある。 중국어 공부를 한 적이 있다.

Q₁ 상대방에게 어제 무엇을 했는지 어떻게 물어볼까요?

· 어제 무엇을 했습니까?

_____

Q₂ 오늘 있었던 일에 대해 설명할 때, 어떤 표현을 사용할까요?

· 오늘은 영화를 봤습니다.

_____

* 과거형을 나타내는 표현은 반말형과 정중형의 변형이 다르게 적용됩니다. 각 그룹에 따라 어떻게
달라지는지, 꼼꼼히 확인하고 여러 어휘들을 적용해서 문장을 만들어 보세요.

Q₃ 주어진 어휘에 해당하는 뜻을 알맞게 연결하세요.

1 かつ　·　　　　　　　　　　　　· a 이기다

2 あう　·　　　　　　　　　　　　· b 하다

3 みる　·　　　　　　　　　　　　· c 만나다

4 する　·　　　　　　　　　　　　· d 보다

Q4 빈칸에 들어갈 알맞은 말을 고르세요.

1 今日は学校でサッカーを_____。오늘은 학교에서 축구를 했다.

a. する   b. すた   c. やる   d. した

2 ひさしぶりに友達_____会いました。오랜만에 친구를 만났습니다.

a. に   b. を   c. は   d. へ

3 キムチをたべた_____がありますか。김치를 먹어본 적이 있습니까?

a. より   b. ほう   c. しごと   d. こと

Q5 앞에서 배운 어휘로 직접 문장을 만들어 봅시다.

1 어제 오랜만에 술을 마셨다.

_____

2 게임을 하지 않았습니까?

_____

3 지난주, 남자친구와 맛있는 밥을 먹었습니다.

_____

4 당신은 연예인을 만난 적이 있습니까?

_____

🫖 궁금한데 잘 알려주지 않는 일본어

Q する와 やる 모두 '하다'라고 해석하는데 둘의 차이가 있나요?

A 의미는 같지만 やる는 상대적으로 구어체에서 더 많이 사용하며, 격식이 있는 어투는 아닙니다. 보통, 친구 사이에서 많이 사용합니다. 의미상으로 굳이 차이를 나누면, 의지가 좀 더 들어간 표현이 やる 입니다.

예를 들어, '하품을 하다' 는 あくびをする라고 하지, あくびをやる라고는 하지 않습니다. 하품은 본인 의지가 아니기 때문입니다.

또한, 매일 반복되는 것들은 보통 する를 사용합니다. '공부를 하다', '일을 하다' 와 같이 매일 반복되는 것들은 勉強をする, 仕事をする라고 표현합니다.

Q ひさしぶり와 おひさしぶり는 의미상의 차이가 있나요?

A ひさしぶり와 おひさしぶり는 의미상의 차이는 없습니다.

다만, 뉘앙스의 차이가 있을 뿐입니다. ひさしぶり는 친구나 친한 사이에 편하게 건넬 수 있는 '오랜만이야'와 같은 말이며, おひさしぶり는 お를 붙임으로써 인사표현을 조금 더 미화했다고 생각하면 됩니다.

상대방이 듣기에 조금 더 예쁘고, 격식을 갖춘 느낌을 줄 수 있습니다.

10강

しずかにして くれますか。
조용히 해주시겠어요?

MP3
듣기 / 다운로드

생각해 보세요

Q1. 상대방에게 무언가를 공손하게 부탁하
고자 할 때 어떤 표현을 사용할까요?

Q2. 상대가 나에게 호의를 베풀었을 때,
뭐라고 답례를 하면 좋을까요?

필수 어휘

오늘 배울 표현에 대한 필수 어휘입니다. 다음 빈칸에 들어갈 말을 직접 써보세요. 🎧 10_01.mp3

독음	일본어	한국어
촛토	ちょっと	조금
	すこし	조금
오미즈	お水	
나마에		이름
모노	もの	
마도		창문
콘도	今度	
	しずかだ	조용하다
	大切だ	소중하다
신세츠다	親切だ	
	きれいだ	깨끗하다, 예쁘다
쿠레루		주다
모츠		가지다
시메루		닫다
쿠다사이	ください	
마츠	待つ	
	ぜひ	꼭

정답

스코시 | 물 | 名前 | 물건 | 窓 | 다음, 이번 | 시즈카다 | 타이세츠다
| 친절하다 | 키레-다 | くれる | 持つ | 閉める | 주세요 | 기다리다 | 제히

01

물 주세요.

おみずください。

02

창문을 닫아주세요.

まどをしめてください。

03

꼭 와주세요.

ぜひきてください。

04

조금 기다려주세요.

ちょっとまってください。

05

조금 조용히 해주시겠습니까?

すこししずかにしてくださいますか。

 반말 상황　🎧 10_03.mp3

가족과 함께 하는 식사자리에서 동생에게 조금만 조용히 하라고 하고 싶습니다.
어떻게 말할까요?

A ちょっとしずかにしてくれる?

촛토시즈카니시테쿠레루

좀 조용히 해줄래?

B うん。わかった。ごめん。

웅 와칻타 고멘

응. 알았어. 미안.

A あと、お水を持ってきてくれない?

아토 오미즈오못테키테쿠레나이

그리고, 물을 가져다주지 않을래?

B お水? どうぞ。

오미즈 도-조

물? 여기.

● どうぞ는 상대방에게 무언가 호의를 베풀 때 할 수 있는 말입니다. 물건을 건넨다던지, 문을 잡아준
다던지 어떠한 방식이든 상관없습니다. 호의를 베푸는 순간, どうぞ라고 말할 수 있습니다. 그럴 때,
대답은 どうも라고 하면 됩니다. ありがとうございます라고 해도 무방합니다.

오늘 배울 표현을 생생한 대화로 들어보세요.
친한 친구와 밥상머리에서 나눌 수 있는 편안한 표현과 격식을 갖춰야 할 자리의 표현을 비교해 보세요.

존댓말 상황 🎧 10_04.mp3

회사에서 다 함께 먹는 점심 식사 중, 동료에게 물 좀 가져다줄 수 있냐고 부탁하고자 합니다. 어떤 표현을 사용할까요?

A すみませんが、すこししずかにしてくれますか?

스미마셍가 스코시시즈카니시테쿠레마스카

실례지만, 조금 조용히 해주시겠어요?

B あ、はい。すみません。

아 하이 스미마셍

아, 네. 죄송합니다.

A あと、お水を持ってきてくれますか?

아토 오미즈못테키테쿠레마스카

그리고 물을 좀 가져다주시겠어요?

B はい。どうぞ。

하이 도-조

네. 여기요.

● '주다'를 뜻하는 くれる와 존중형인 くれます는 제 3자가 나에게 무언가를 해줄 때에만 사용할 수 있습니다. 위 상황에서는 상대가 조용히 해주는 것, 물을 나에게 가져다주는 것이기 때문에 くれる를 사용했습니다. 남, 혹은 내가 다른 사람에게 주는 것은 あげる라고 합니다.

단어

あと 그리고

01 ~ 하고, ~ 해서

동사의 て형은 두 개 이상의 동작을 연결하거나 나열할 때(~하고), 또는 원인이나 이유를 나타낼 때(~해서) 사용할 수 있습니다. 각 그룹에 따라 활용 형태가 달라집니다. 9강에서 배웠던 동사의 과거형인 た형에서 た를 て로만 바꿔 준다고 생각하면 됩니다.

1그룹 동사	く로 끝나는 동사 →く를 いて로 변형 ぐ로 끝나는 동사 → ぐ를 いで로 변형	かく 쓰다 → かいて 쓰고, 써서 いそぐ 서두르다 → いそいで 서두르고, 서둘러서
	う,つ,る로 끝나는 동사 → う,つ,る를 って로 변형	あう 만나다 → あって 만나고, 만나서 わかる 알다 → わかって 알고, 알아서
	ぬ,ぶ,む로 끝나는 동사 → ぬ,ぶ,む를 んで로 변형	あそぶ 놀다 → あそんで 놀고, 놀아서 のむ 마시다 → のんで 마시고, 마셔서
	す로 끝나는 동사 → す를 して로 변형	はなす 말하다 → はなして 말하고, 말해서
2그룹 동사	る를 て로 변형	たべる 먹다 → たべて 먹고, 먹어서 みる 보다 → みて 보고, 봐서
3그룹 동사	불규칙 동사	する 하다 → して 하고, 해서 くる 오다 → きて 오고, 와서

예 ここに名前をかいてください。 여기에 이름을 써주세요.

예 今度、 ぜひきてください。 다음에 꼭 와주세요.

02 ~ 해 주다

남이 나에게 해주는 것을 くれる, 나, 혹은 남이 다른 사람에게 해주는 것을 あげる라고 합니다. 보통 – 해주다 앞에는 동사 て형과 결합하여 사용합니다. 물건을 줄 때에도 사용할 수 있습니다. '~해 줄래?'라고 물어볼 때에는 くれる를 그대로 사용하면서 끝을 올려주면 됩니다. ' ~ 해주지 않다'라고 말할 때에는 くれない라고 합니다.

예) 私 にきてくれる? 나에게 와줄래?

예) 私 が君にはなしてあげる。 내가 너에게 말해주다.

03 ~ 해주시겠어요?

~てくれますか를 사용하면 '해주시겠어요?'라는 뜻입니다. 또한, 부정형을 써도 의미는 같습니다. ~てくれませんか라고 하면 '~해 주시지 않겠어요?'라는 뜻으로 ~てくれますか 보다는 조금 더 공손한 표현입니다.

이 외에도 부탁할 때, ~てくださいますか 도 사용할 수 있습니다. ~てください라고 하면 '~해주세요'가 되지만 ~てくださいますか라고 하면 '~해주시겠어요?'처럼 조금 더 공손한 표현이 됩니다. 더 나아가서 ~てくださいませんか는 '~해주시지 않겠어요?'로 한층 더 공손하게 표현할 수 있습니다.

예) ゆっくりはなしてくださいますか。 천천히 이야기해주시겠습니까?

예) ちょっといそいでくださいませんか。 조금 서둘러주시지 않겠습니까?

04 ~ 해 주시지 않겠습니까?

더 공손한 표현으로는 ~てもらえますか 또는 ~てもらえませんか를 쓸 수 있습니다. もらう는 원래 '받다'라는 표현으로 '어떤 것(행위)을 받아도 괜찮겠습니까?'로 해석할 수 있습니다.

예 いっしょにいってもらえますか。 같이 가주시겠습니까?

예 これをちょっとみてもらえませんか。 이것을 좀 봐주시지 않겠습니까?

05 ~ 해주시지 않겠습니까?(겸양어)

일본어는 상대를 높이는 '존경어(존중어)'도 있지만 반대로 자신을 낮추는 '겸양어'도 있습니다. 둘 다 같은 맥락으로 존댓말이라고 할 수 있지만 그 쓰임과 어휘는 조금씩 다릅니다. 보통 자신보다 높은 대상 앞에서 겸양어를 많이 사용합니다. '~해 주시겠습니까?'의 경우에도 겸양어가 있습니다. '~ 해 주시겠습니까?'는 ~ていただけますか, '~해 주시지 않겠습니까'는 ~ていただけませんか 라고 합니다.

예 こちらへきていただけますか。 이쪽으로 와주시겠습니까?

예 すこしまっていただけませんか。 조금 기다려주시지 않겠습니까?

06 ~하게

な형용사를 부사로 '~하게'로 바꿀 때에는 기본형에서 어미 だ를 떼고 に를 붙여주면 됩니다. 예를 들어, '조용하다'를 '조용하게' 혹은 '조용히'로 바꾸려면, しずかだ를 しずかに로 바꿔주면 됩니다.

예 ものを大切にしてください。 물건을 소중히 해주세요.

예 親切にはなしてください。 친절하게 말해주세요.

🐱 **추가 표현**

'~해 주시겠습니까?'와 같은 맥락으로 일본인이 많이 사용하는 표현이 있습니다. '괜찮습니까'를 의미하는 いいですか를 사용하는데, 직역하면 '~하는 것을 받아도 괜찮겠습니까?'라는 뜻으로 상당히 자신을 낮추어서 공손하게 표현하는 방법입니다. 〜てもらってもいいですか라고 합니다.

예 名前をかいてもらってもいいですか。이름을 써주시겠습니까?

예 ドアをしめてもらってもいいですか。문을 닫아주시겠습니까?

학습 후 Check

Q₁ 상대방에게 무언가를 공손하게 부탁하고자 할 때 어떤 표현을 사용할까요?

- 여기에 써주시지 않겠습니까?

_____

Q₂ 상대가 나에게 호의를 베풀었을 때, 뭐라고 답례를 하면 좋을까요?

- 감사합니다.

_____

* 상대방에게 정중하게 부탁하는 표현을 여러 가지 배웠습니다. '~해서'로 해석되는 'て형'만 잘
외우면 어떤 동사든 적용해서 실전 회화에서 사용할 수 있기 때문에 잘 숙지해두세요.

Q₃ 주어진 어휘에 해당하는 뜻을 알맞게 연결하세요.

1 もつ   ·   · a 기다리다

2 まつ   ·   · b 천천히

3 ぜひ   ·   · c 꼭

4 ゆっくり   ·   · d 가지다

Q4 빈칸에 들어갈 알맞은 말을 고르세요.

1 ちょっとしずか_____してくれる? 좀 조용히 해줄래?

    a. に   b. だ   c. は   d. で

2 ここに名前を_____ください。 여기에 이름을 써주세요.

    a. かって   b. かんで   c. かて   d. かいて

3 A: どうぞ。여기 있습니다.   B: _____。 감사합니다.

    a. とうも   b. どうも   c. とうま   d. どうま

Q5 앞에서 배운 어휘로 직접 문장을 만들어 봅시다.

1 실례지만, 이쪽으로 와주시겠습니까?

_____

2 창문 좀 닫아주세요.

_____

3 여기를 깨끗하게 해주세요.

_____

4 그것을 좀 가져와 주시지 않겠습니까?

_____

Q ちょっと와 すこし는 둘 다 '조금'이라는 뜻을 가지고 있는데, 둘의 차이는 없나요?

A   둘 다 양을 나타내기도 하지만 정중하게 '~ 좀 해주시겠어요?'라고 말할 때도 쓰입니다.
　　의미의 차이는 없지만 ちょっと는 구어체에서 많이 사용되고, すこし는 상대적으로 조금 더 격식 있는 표현이라고 생각하면 됩니다.

Q お水처럼 명사 앞에 お를 어느 경우에 붙이나요?

A   명사 앞에 お를 붙이는 것은 보통 화제 속 인물에 대해 존경을 나타낼 때 붙입니다. 정중하게 말할 때, 명사 앞에 붙여주면 됩니다.
　　또는, 단지 말을 예쁘게 하기 위해서 붙이기도 합니다. みず라고 해도 되지만 おみず라고 말하면서 조금 더 품위 있게 이야기하려고 하는 것입니다.
　　또, 어휘에 따라 お뿐만 아니라 ご를 붙이기도 합니다.

11강

やさいが
やすくなりました。
야채가 싸졌습니다.

MP3
듣기 / 다운로드

생각해 보세요

Q1. 어떤 상태의 변화를 나타낼 때, '~해지다'는 어떻게 표현할까요?

Q2. '맛있게 해주세요'는 어떻게 말할까요?

필수 어휘

오늘 배울 표현에 대한 필수 어휘입니다. 다음 빈칸에 들어갈 말을 직접 써보세요.　🎧 11_01.mp3

독음	일본어	한국어
야사이	野菜(やさい)	야채
니쿠		고기
	大人(おとな)	어른
코도모		아이
	医者(いしゃ)	의사
벤고시	弁護士(べんごし)	
	めちゃくちゃ	엉망진창
이로이로	いろいろ	
타카이		비싸다
야스이	安(やす)い	
이소가시이	いそがしい	
	あつい	덥다
사무이	さむい	
	おもしろい	재미있다
벤리다		편리하다
니기야카다	にぎやかだ	

정답

肉(にく) | 오토나 | 子供(こども) | 이샤 | 변호사 | 메챠쿠챠 | 여러 가지 | 高(たか)い | 싸다
| 바쁘다 | 아츠이 | 춥다 | 오모시로이 | 便利(べんり)だ | 활기차다, 북적이다, 번화하다

🎧 11_02.mp3

01 어른이 되었습니다.
おとなになりました。

02 고기가 비싸졌습니다.
にくがたかくなりました。

03 벌써 추워졌습니다.
もうさむくなりました。

04 전보다 편리해졌습니다.
まえよりべんりになりました。

05 엉망진창이 되었습니다.
めちゃくちゃになりました。

🌲 단어 🌲

まえ 전 | ~より ~보다

회화 표현

 반말 상황 🎧 11_03.mp3

가족들을 위해 요리를 했습니다. 고기가 비싸져서 생각보다 많이 사지 못했습니다.
'고기가 비싸졌다'고 어떻게 말할까요?

A **料理がめちゃくちゃになった。ごめん。**

료-리가메챠쿠챠니낫타 고멘

요리가 엉망이 되었어. 미안해.

B **いいよ、おいしいから。でも、今日は肉があんまりないね。**

이이요 오이시이카라 데모 쿄-와니쿠가암마리나이네

괜찮아. 맛있으니까. 오늘은 고기가 별로 없네.

A **うん、肉が高くなった。**

웅 니쿠가타카쿠낫타

응, 고기가 비싸졌어.

B **そっか。まあいいや。**

솟카 마아이이야

그래? 뭐, 괜찮아.

● まあいいや는 회화에서 종종 보이며, 썩 마음에 들지는 않지만 '어쨌든 괜찮다'고 말하고 싶을 때 사용합니다. 이때, まあ는 '그럭저럭'이라는 뜻을 가지고 있습니다.

● から는 '～부터'라는 뜻도 있지만 문장 뒤에 오면 '～이기 때문에'라고 해석합니다.

오늘 배울 표현을 생생한 대화로 들어보세요.
친한 친구와 밥상머리에서 나눌 수 있는 편안한 표현과 격식을 갖춰야 할 자리의 표현을 비교해 보세요.

 **존댓말 상황** 🎧 11_04.mp3

회사 동료들에게 식사를 대접했습니다.
생각보다 잘 되지 않아서 미안한 마음을 전달하고 싶을 땐 어떻게 말할까요?

A **料理がめちゃくちゃになりました。すみません。**
료-리가메챠쿠챠니나리마시타 스미마셍

요리가 엉망이 되었어요. 미안해요.

B **大丈夫です。おいしいです。ところで、野菜がいろいろありますね。**
다이죠-부데스 오이시이데스 토코로데 야사이가이로이로아리마스네

괜찮습니다. 맛있어요. 그건 그렇고, 야채가 여러 가지 있네요.

A **はい、さいきん、野菜が安くなりました。**
하이 사이킹 야사이가야스쿠나리마시타

네, 최근에 야채가 싸졌어요.

B **そうですか。いいですね。**
소-데스카 이이데스네

그래요? 좋네요.

● すみません은 상대방에게 피해를 끼치기 전에 '실례합니다'라고도 사용하지만 작은 실수는 '죄송합니
  다'라는 뜻으로 사용하기도 합니다.
● ところで는 '그런데'라는 뜻으로, 화제를 전환할 때 사용합니다.

🌲 **단어** 🌲

ない 없다 │ から ~이기 때문에 │ でも 하지만 │ ところで 그런데

짚고 넘어가는 문법

01 ~하게 되다, ~해지다 - い형용사

い형용사를 활용하여 '~하게 되다'라고 표현할 때에는 い를 떼고 くなる를 붙여주면 됩니다. 예를 들어, '맛있어지다'는 おいしくなる 가 됩니다. 존중형은 なる를 なります로 바꿔주면 됩니다. 즉, '맛있어집니다'는 おいしくなります가 됩니다.

예 いそがしくなる。 바빠지게 되다.
예 あつくなります。 더워집니다.

02 ~하게 되었다, ~해졌다 - い형용사

い형용사를 활용하여 과거와 다르게 상황이 변화한 것을 말하고 싶을 때에는, い를 떼고 くなった를 붙여주면 됩니다. 예를 들어, '바빠졌다'는 いそがしくなった가 됩니다. 존중형은 뒤에 です를 붙이거나 いそがしくなりました라고 하면 됩니다.

예 さいきん、 さむくなった。 최근, 추워졌다.
예 日本語の 勉 強 がおもしろくなったです。 일본어 공부가 재미있어졌습니다.
　　= 日本語の 勉 強 がおもしろくなりました。
　　　　　　　　おもしろい 재미있다

03 ~하게 되다, ~해지다 - な형용사

な형용사를 활용하여 '~하게 되다'라고 표현할 때에는 だ를 떼고 になる를 붙여주면 됩니다. 예를 들어, '깨끗해지다'는 きれいになる가 됩니다. 존중형은 마찬가지로 なる를 なります로 바꿔 주면 됩니다. 즉, '깨끗해집니다'는 きれいになります가 됩니다.

예 便利(べんり)になる。 편리해지다.

예 にぎやかになります。 활기차집니다.

04 ~하게 되었다, ~해졌다 - な형용사

な형용사를 활용하여 과거와 다르게 상황이 변화한 것을 말하고 싶을 때에는, だ를 떼고 になった를 붙여주면 됩니다. 예를 들어, '편리해졌다'는 便利(べんり)になった가 됩니다. 존중형은 뒤에 です를 붙이거나 便利(べんり)になりました라고 하면 됩니다.

예 先生(せんせい)がきてしずかになった。 선생님이 오셔서 조용해졌다.

예 まち가にぎやかになったです。 마을(まち)이 활기차졌습니다.
  = まちがにぎやかになりました。

05 '명사'이/가 되다

명사를 사용하여 '~이/가 되다'라고 표현할 때에는 대상 뒤에 になる를 붙여주면 됩니다.
예를 들어, '어른이 되다'는 大人になる가 됩니다. 존중형은 마찬가지로 なる를 なります
로 바꿔 주면 됩니다. 즉, '어른이 됩니다'는 大人になります가 됩니다.

예 医者になる。 의사가 되다.
예 先生になります。 선생님이 됩니다.

06 '명사'이/가 되었다

명사를 사용하여 과거와 다르게 상황이 변화한 것을 말하고 싶을 때에는, 대상 뒤에 にな
った를 붙여주면 됩니다. 예를 들어, '회사원이 되었다'는 会社員になった가 됩니다. 존
중형은 뒤에 です를 붙이거나 会社員になりました라고 하면 됩니다.

예 子供は大人になった。 아이는 어른이 되었다.
예 小林さんは弁護士になりました。 코바야시 씨는 변호사가 되었습니다.

07 ~하게 되다 (동사결합)

동사를 활용하여 '~하게 되다'라고 표현할 때에는 동사의 완결형 뒤에 ようになる를 붙여
주면 됩니다. 예를 들어, '가게 되다'는 いくようになる가 됩니다. 존중형은 なる를 なりま
す로 바꿔 주면 됩니다. 즉, '가게 됩니다'는 いくようになります가 됩니다.

예 するようになる。 하게 되다.
예 ゆっくり話すようになります。 천천히 말하게 됩니다.

08 ~하게 되었다 (동사결합)

동사를 활용하여 상황이 과거와 다르게 변화한 것을 말하고 싶을 때에는 동사의 완결형 뒤에 ようになった를 붙여주면 됩니다. 예를 들어, '알게 되었다'는 わかるようになった 가 됩니다. 존중형은 뒤에 です를 붙이거나 わかるようになりました라고 하면 됩니다.

예 さしみを食(た)べるようになった。 회를 먹게 되었다.

예 一生懸命運動(いっしょうけんめいうんどう)するようになりました。 열심히 운동하게 되었습니다.

🐱 추가 표현

형용사를 부사화해서 '～하게'가 되는 것을 배웠습니다. 그렇다면 '～하게 해주세요'라는 표현도 가능합니다. 예를 들어, '예쁘게 해주세요'는 きれいにしてください 가 됩니다.

예 料理(りょうり)、おいしくしてください。 요리 맛있게 해주세요.

예 しずかにしてください。 조용히 해주세요.

학습 후 Check

Q₁ 어떤 상태의 변화를 나타낼 때, '~해지다'는 어떻게 표현할까요?

· 마을이 활기차졌다.

_____

Q₂ '맛있게 해주세요'는 어떻게 말할까요?

· 맛있게 해주세요.

_____

* 형용사를 부사화해서 문장을 만들어보고, '~ 하게 되다'라는 표현에 대해 배웠습니다. い형용사, な형용사, 명사 각각 활용이 어떻게 달라지는지 체크하고 다른 새로운 어휘로도 문장을 한번 만들어 보세요.

Q₃ 주어진 어휘에 해당하는 뜻을 알맞게 연결하세요.

１ あつい　·　　　　　　　　　　　　　· a 춥다

２ さむい　·　　　　　　　　　　　　　· b 덥다

３ たかい　·　　　　　　　　　　　　　· c 싸다

４ やすい　·　　　　　　　　　　　　　· d 비싸다

Q4 빈칸에 들어갈 알맞은 말을 고르세요.

1 野菜が高_____なった。야채가 비싸졌다.

    a. に   b. い   c. く   d. て

2 いいよ、おもしろい_____だいじょうぶ。재미있으니까.

    a. ところで   b. から   c. でも   d. です

3 むすこが先生_____なりました。아들이 선생님이 되었습니다.

    a. が   b. に   c. を   d. く

Q5 앞에서 배운 어휘로 직접 문장을 만들어 봅시다.

1 라면이 우동이 되었다.(면이 불었다)

_____

2 김치가 맛있어졌다.

_____

3 야채가 여러 가지 있으니까 좋네요.

_____

4 회사가 깨끗해졌습니다.

_____

Q たかい는 '비싸다'라고 했는데 TV에서 다른 사람에게 たかい라고 하는 것을 봤어요. 여러 가지 의미가 있나요?

A たかい는 상황과 맥락에 따라 다르게 해석되는 경우가 많습니다.

가격을 이야기하는 상황에서는 '비싸다'로 해석되지만 사람에게 쓰게 되면 '키가 크다'로 해석합니다. 또한, 빌딩이나 어떤 높이가 높은 것도 たかい라고 하며 '명성이 높다' 할 때에도 쓰입니다.

조금씩 다르게 해석하지만 어떠한 정도가 높다는 본질은 같습니다.

Q 일본 드라마를 보면 めちゃくちゃ가 아닌 めちゃ라는 말도 사용하던데, 비슷한 뜻인가요?

A めちゃ는 원래 '터무니없음, 엉망'이라는 뜻입니다. 이를 조금 더 강조하여 회화에서 많이 사용하게 된 단어가 めちゃくちゃ 로 '엉망, 형편없음'이라는 뜻을 가지게 되었습니다.

드라마에서는 종종 めっちゃ 로 세게 발음하여 사용하는 것을 볼 수 있는데, めちゃ 가 변질된 형태로 '몹시, 겁나, 매우'라는 뜻입니다. 이 경우에는 부사로 사용되며, 뒤에는 보통 부정적인 문장이 오는 경우가 많습니다.

12강

はしでわたさ
ないでください。
젓가락으로 건네지 마세요.

MP3
듣기 / 다운로드

생각해 보세요

Q1. 상대방에게 식사 중 어떠한 행동을 하지 말라고 요구하는 명령 혹은 의뢰 표현은 어떻게 할까요?

Q2. 친구에게 물건을 달라고 할 때, 어떻게 말할까요?

필수 어휘

오늘 배울 표현에 대한 필수 어휘입니다. 다음 빈칸에 들어갈 말을 직접 써보세요. 🎧 12_01.mp3

독음	일본어	한국어
쇼쿠지	<ruby>食<rt>しょく</rt></ruby><ruby>事<rt>じ</rt></ruby>	식사
	<ruby>食<rt>た</rt></ruby>べ<ruby>物<rt>もの</rt></ruby>	음식
오카시		과자
	スプーン	숟가락
하시	はし	
	<ruby>時<rt>とき</rt></ruby>	때
와타스	<ruby>渡<rt>わた</rt></ruby>す	
츠카우		사용하다
요무	<ruby>読<rt>よ</rt></ruby>む	
	<ruby>乗<rt>の</rt></ruby>る	타다
	わかる	알다
아루쿠		걷다
스우		(담배를) 피다
	うける	(시험을) 치다
오토스	<ruby>落<rt>お</rt></ruby>とす	
쿠스리오노무	<ruby>薬<rt>くすり</rt></ruby> を<ruby>飲<rt>の</rt></ruby>む	
히토리데		혼자서

정답

타베모노 | お<ruby>菓子<rt>かし</rt></ruby> | 스푸-운 | 젓가락 | 토키 | 건네다 | <ruby>使<rt>つか</rt></ruby>う | 읽다 | 노루
| 와카루 | <ruby>歩<rt>ある</rt></ruby>く | 스우 | 우케르 | 흘리다, 떨어뜨리다 | 약을 먹다 | <ruby>一人<rt>ひとり</rt></ruby>で

146

 필수 예문

🎧 12_02.mp3

01 식사 전에 과자를 먹지 마세요.
しょくじのまえにおかしをたべないでください。

02 여기에서 담배를 피우지 마세요.
ここでタバコをすわないでください。

03 혼자서 가지 마세요.
ひとりでいかないでください。

04 젓가락을 사용하는 편이 좋습니다.
はしをつかうほうがいいです。

05 몰랐습니다.
わかりませんでした。

🌲 단어 🌲

タバコ 담배

회화 표현

 반말 상황 🎧 12_03.mp3

가족들과 함께하는 식사 자리, 동생에게 식사예절을 알려주고자 합니다.
어떻게 말할까요?

A それ、ちょうだい。

소레 쵸-다이

그거 좀 줘.

B ねえ、食べ物をはしで渡さないで。

네에 타베모노오하시데와타사나이데

야, 음식 젓가락으로 건네지 마.

A はーい。

하-이

네~.

B あと、食事する時は本は読まないで。

아토 쇼쿠지스루토키와혼와요마나이데

그리고, 식사할 때에는 책 읽지 마.

● ちょうだい는 '주세요'라는 뜻으로 무언가를 받고 싶을 때, 받고 싶은 대상 뒤에 붙여서 사용합니다.
　보통 친구 사이나 편한 사이에서 많이 씁니다.

● ねえ는 '야'처럼 친구나 아랫사람을 부를 때, 회화에서 주로 사용합니다.

오늘 배울 표현을 생생한 대화로 들어보세요.
친한 친구와 밥상머리에서 나눌 수 있는 편안한 표현과 격식을 갖춰야 할 자리의 표현을 비교해 보세요.

 존댓말 상황 　　　　　　　　　　　　　　🎧 12_04.mp3

일본문화가 아직 서툰 해외 거래처 사람들과의 식사자리에서 일본 식사예절에 어긋나는 것
들에 대해 전달하고자 합니다. 어떻게 말할까요?

A **それ、くださいませんか。**

소레 쿠다사이마셍카

그거 좀 주지 않겠습니까?

B **すみませんが、食べ物をはしで渡さないでください。**

스미마셍가 타베모노오하시데와타사나이데쿠타사이

죄송하지만, 음식을 젓가락으로 건네지 말아 주세요.

A **あ、すみません。わかりませんでした。**

아 스미마셍 와카리마셍데시타

아, 죄송합니다. 몰랐습니다.

B **あと、スプーンは使わないでください。**

아토 스푸-운와크카와나이데쿠다사이

그리고, 숟가락은 사용하지 말아 주세요.

● 무언가를 부탁할 때에는 항상 '실례하지만/죄송하지만'을 뜻하는 すみませんが를 붙여주는 것이 좋
습니다. 조금 더 공손한 표현으로 들릴 수 있습니다.

🔺 단어 🔺

時 때

짚고 넘어가는 문법

01 **~하지 않는다**

동사의 기본형을 ない형으로 바꾸면 '~하지 않는다'라는 부정 표현입니다. 이도 마찬가지로 동사의 종류에 따라 그 변형이 달라지기 때문에 잘 알아두세요.

1그룹 동사	어미 う단을 あ단으로 바꾸고 ない를 붙임	あそぶ 놀다 → あそばない 놀지 않는다 いく 가다 → いかない 가지 않는다 のむ 마시다 → のまない 마시지 않는다
2그룹 동사	어미 る를 ない로 바꿈	たべる 먹다 → たべない 먹지 않는다 みる 보다 → みない 보지 않는다
3그룹 동사	불규칙 동사	する 하다 → しない 하지 않는다 くる 오다 → こない 오지 않는다

예 今年はフランスへ行かない。 올해는 프랑스에 가지 않는다.

예 バスは乗らない。 버스는 타지 않는다.

02 **~ 하지 마**

친구나 손아랫사람에게 어떠한 동작을 하지 말라고 요구할 때에는 동사의 ない형 뒤에 で 만 붙여주면 됩니다. '~하지 마'라는 뜻입니다.

예 ここに来ないで。 여기로 오지 마.

예 お菓子は食べないで。 과자는 먹지 마.

03 ~ 하지 마세요

동사의 ない형 뒤에 でください를 붙이면 '~하지 마세요'라는 뜻입니다. 상대방에게 어떤 행위를 하지 말아달라고 요구하는 명령이나 의뢰의 표현입니다. でください 뒤에 ますか 혹은 ませんか를 붙이면 좀 더 정중한 표현이 됩니다.

예 そこに一人（ひとり）で行（い）かないでください。 그곳에 혼자서 가지 마세요.
예 タバコをすわないでくださいませんか。 담배를 피우지 말아 주시지 않겠습니까?
　　담배

04 ~ 하지 않는 편이 좋습니다

'~하지 마세요'와 유사하게 어떠한 행동을 하지 않도록 조언할 때 사용하는 표현으로 '~하지 않는 편이 좋습니다'라는 표현이 있습니다. 동사의 ない형 뒤에 ほうがいいです를 붙여줍니다. でください보다는 조금 더 느슨한 표현으로 조언에 가깝습니다.

예 この薬（くすり）は子供（こども）が飲（の）まないほうがいいです。 이 약은 아이가 먹지 않는 편이 좋습니다.
예 今日（きょう）はでかけないほうがいいです。 오늘은 외출하지 않는 편이 좋습니다.
　　でかける 외출하다

첫째, う로 끝나는 1그룹 동사는 ない형을 만들 때, う단을 あ단으로 만들고 ない를 붙입
니다. 다만, 이 동사들 중에 あう(만나다), かう(사다), いう(말하다), うたう(노래하다)와
같이 う로 끝나는 동사는 う를 あ로 바꾸어서 ~あない로 변형하는 것이 아니라 ~わない
의 형태로 바꾸어야 합니다. 즉, あう는 ああない가 아니라 あわない라고 해야 합니다.

둘째, '있다'라는 뜻을 가진 ある는 ない형을 사용하지 않습니다. 즉, ある를 あらない라
고 하지 않으며 동사 대신에 ない(없다)라는 い형용사를 사용합니다.

예 友達にいわないでください。 친구에게 말하지 말아 주세요.
예 本はかばんの中にない。 책은 가방 안에 없다.

🐱 **추가 표현**

~ないで까지만 말하면, '~하지 마'라는 뜻이지만 문장 가운데 쓰이면 앞의 동작을 실현하
고 있지 않은 상태로 뒤의 일이 그것과 동시간대에 있는 것을 나타냅니다.
즉 '~하지 않고', '~하지 않은 채로'로 해석합니다.
예를 들어,「勉強をしないでテストをうける」하면, '공부를 하지 않고 시험을 치다'가 됩
니다.

예 朝ごはんを食べないで会社へ行きます。아침을 먹지 않고 회사를 갑니다.
예 前を見ないで歩きます。앞을 보지 않고 걸어갑니다.

🌸 쉬어가기 – 밥상머리 예절 2편 – 수저와 관련된 예절

일본에서는 식사를 할 때, 숟가락을 사용하지 않는 것이 원칙이므로 주로 젓가락으로 식사를 합니다. 그래서인지 젓가락과 관련된 식사예절이 많습니다. 특히, 젓가락으로 해서는 안되는 행위들이 있는데, 앞 본문의 대화에서 본 것처럼 젓가락으로 음식을 건네는 행위는 금지되어 있습니다. 장례식에서 고인의 유골을 옮길 때, 긴 젓가락으로 옮기는 풍습이 있기 때문입니다. 그 외에도 금지된 행위는 많이 있는데, 재미있는 것은 이 행위들이 각각 이름을 가지고 있습니다. "어떤 행위 + はし(젓가락)" 으로 이름이 붙여져 있습니다. 몇 가지만 알아볼까요?

1 あらいばし 국물 등에 젓가락을 씻는 행위
2 かみばし 젓가락을 씹는 행위
3 さしばし （指しばし） 젓가락으로 다른 사람을 가리키는 행위
4 さしばし （刺しばし） 젓가락으로 음식을 찍어서 먹는 행위
5 たてばし 젓가락을 밥그릇에 꽂아 세우는 행위

위 행위들은 매우 무례할 수 있으니 꼭 알아두세요!

마지막으로, 젓가락은 끝이 왼쪽을 향하도록 가로로 놓아주세요. 일본인들은 뾰족한 젓가락을 상대에게 향하는 것이 실례되는 행동이라고 생각하기 때문입니다.

학습 후 Check

Q1 상대방에게 식사 중 어떠한 행동을 하지 말라고 요구하는 명령 혹은 의뢰 표현
은 어떻게 할까요?

· 젓가락으로 음식을 건네지 마세요.

_____

Q2 친구에게 물건을 달라고 할 때, 어떻게 말할까요?

· 그거, 줘.

_____

* 문화가 다른 사람들과 식사를 할 때에는, 서로의 식사예절을 존중하면 서로에게 더 좋은 인상을
심어줄 수 있겠죠? 언어로 소통하는 것도 물론 중요하지만 문화를 이해하고 존중하는 것도 상대
방을 존중하는 한 가지 방법일 것입니다. 또 일본에 어떠한 예절문화가 있는지 여러 가지 찾아보
고, 어떻게 표현하는지 스스로 문장을 만들어 익혀봅시다.

Q3 주어진 어휘에 해당하는 뜻을 알맞게 연결하세요.

1 のる   ·   · a 사용하다

2 つかう   ·   · b 타다

3 わたす   ·   · c 걷다

4 あるく   ·   · d 건네다

154

Q4 빈칸에 들어갈 알맞은 말을 고르세요.

1 はしで渡^{わた}さない_____ください。 젓가락으로 건네지 말아 주세요.

    a. に   b. で   c. て   d. は

2 そこには行^いかない_____がいいです。 거기에는 가지 않는 편이 좋습니다.

    a. より   b. で   c. ほう   d. よう

3 ごはんを食^たべ_____います。 밥을 먹지 않고 있습니다.

    a. なくて   b. ないで   c. ない   d. なくと

Q5 앞에서 배운 어휘로 직접 문장을 만들어 봅시다.

1 밥을 먹을 때에는 TV를 보지 마세요.

_____

2 혼자서 가지 말아 주시겠습니까?

_____

3 음식을 흘리지 마.

_____

4 죄송해요. 몰랐습니다.

_____

Q 일본인 친구와 대화 중에 あとで라는 말을 들었어요. '그리고'라는 뜻인가요? 해석이 조금 이상한 것 같아요.

A あと는 문맥에 따라, 다르게 해석될 때가 많습니다. 사전적 의미로도 다양한 의미가 있습니다. 발자취, 흔적, 나중, 뒤, 아직 등등 다양합니다. 물론, 한자를 다르게 쓰는 경우도 있지만 회화에서는 발음이 같기 때문에 한자로는 구분하기 쉽지 않습니다.

문장의 앞에 나오면 '그리고'라고 해석되지만 あとで라고 하면 보통 '나중에'라는 뜻입니다. 그리고 자주 사용하는 표현으로 あと 뒤에 시간이 나오면 남은 시간을 뜻합니다.

예를 들어, あと１０分이라고 하면 '남은 시간 10분' 혹은 '10분 뒤'라고 해석합니다. 따라서, あと에 대해서는 다양한 문장과 쓰임을 접하는 것이 좋습니다.

Q 일본인들은 거절을 잘 못한다고 하는데, 맞나요?

A 일본에서는 상대방의 부탁이나 제안에 대하여 아무리 싫어도 싫다고 직접 말하지 않습니다. 직설적으로 말하는 것이 무례하다는 인상을 주기 때문입니다. 그래서, 우회적으로 돌려서 거절하는 경우가 많습니다.

직접적으로 말하지 않고 거절할 때에는 보통 '그건 조금...'이라는 뜻으로 『ちょっと。。。』를 사용하거나, '생각해보겠습니다'라는 뜻으로 『かんがえてみます』라고 합니다. 이 '생각해보겠다'는 표현을 일본인에게 들었다면, 답변을 기대하기는 아마 어려울 것입니다. 이 자체가 거절의 의사를 표현 것이기 때문입니다.

반대로, 일본인과 대화할 때 거절해야 할 일이 있다면, 못하겠다고 말하는 대신 생각해보겠다고 돌려 말해보는 것이 어떨까요?

13강

あのひと、
しってますか。
저 사람, 알아요?

MP3
듣기 / 다운로드

생각해 보세요

Q1. ' ~가 아니다'라고 말할 때, 어떻게 표
현할까요?

Q2. 누군가에 대해 아는 지 물어볼 때, 어
떻게 말할까요?

필수 어휘

오늘 배울 표현에 대한 필수 어휘입니다. 다음 빈칸에 들어갈 말을 직접 써보세요. 🎧 13_01.mp3

독음	일본어	한국어
다레	だれ	누구
무카시	むかし	
운도-		운동
	選手	선수
	アイドル	아이돌
유메	夢	
하나		꽃
쿠루마		차
	ニュース	뉴스
시루		알다
데루	出る	
칵코이이	カッコいい	
	有名だ	유명하다
	よく	잘
코노고로		요즘

정답

옛날 ┃ 運動 ┃ 센슈 ┃ 아이도루 ┃ 꿈 ┃ 花 ┃ 車 ┃ 뉴-스 ┃ 知る ┃ 나가다
┃ 멋지다 ┃ 유-메-다 ┃ 요쿠 ┃ 이노고로

158

👹 필수 예문

🎧 13_02.mp3

01
이 사람은 누구입니까?
このひとはだれですか。

02
이 사람은 운동선수입니다.
このひとはうんどうせんしゅです。

03
그것은 꿈이 아니었습니다.
それはゆめではありませんでした。 or
それはゆめじゃなかったです。

04
저 사람은 아이돌이 아닙니다.
あのひとはアイドルではありません。 or
あのひとはアイドルじゃないです。

05
그 연예인은 유명합니까?
そのげいのうじんはゆうめいですか。

🌲 단어 🌲

ひと 사람 | げいのうじん 연예인

159

회화 표현

 반말 상황 　　　　　　　　　　　　　　　🎧 13_03.mp3

친구와 함께 TV를 보면서 TV에 나오는 사람이 누군지 아냐고 물어봅니다.
대화를 살펴봅시다.

A あの人、知ってる?

　　아노히토 싯테루

　　저 사람, 알아?

B ううん、知らない。だれ?

　　우웅 시라나이 다레

　　아니, 몰라. 누구야?

A むかしは運動選手だったけど、テレビに出てからきれいで有名
になったよ。

　　무카시와운도-센슈닷타케도 테레비니데테카라키레-데유-메-니낫타요

　　옛날에는 운동선수였지만 TV에 나오고 나서부터 예뻐서 유명해졌어.

B げいのうじんじゃなかったんだ。

　　게-노-진쟈나캇탄다

　　연예인이 아니었구나.

● しってる는 しっている의 준말입니다. 회화에서는 종종 い를 생략합니다. 이는 しる (알다)의 변형형
으로 '알고 있다'라는 뜻입니다. しる는 형태는 2그룹 동사지만 예외 동사로, 1그룹 동사에 속합니다.
즉, て형으로 바꿀 때에는 しって로 바뀝니다.

오늘 배울 표현을 생생한 대화로 들어보세요.
친한 친구와 밥상머리에서 나눌 수 있는 편안한 표현과 격식을 갖춰야 할 자리의 표현을 비교해 보세요.

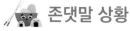 존댓말 상황　　　　　　　　　　　　　　　　🎧 13_04.mp3

회사동료와 함께 점심식사를 하면서 TV를 보고 있습니다.
TV에 나오는 연예인에 대해 이야기하고자 합니다. 대화를 살펴봅시다.

A あの人、知ってますか。

아노히토 싯테마스카

저 사람, 알고 있습니까?

B いいえ、知りません。だれですか。

이이에 시리마셍 다레데스카

아니요, 모릅니다. 누구예요?

**A むかしは運動選手だったけど、テレビに出てからかっこよくて有名
になりました。**

무카시와운도-센슈닫케도 테레비니데테카라카키레-데 유-메-니나리마시타

옛날에는 운동선수였지만 TV에 나오고 나서부터 멋있어서 유명해졌습니다.

B そうですか。げいのうじんではなかったんですね。

소-데스카 게-노-진쟈나칻탄데스네

그래요? 연예인이 아니었군요.

● なかったんですね는 なかったのですね 의 준말로, の는 '것'이라는 뜻입니다. 즉, '〜아니었던 것입니
다'라는 뜻이며 회화체로 '〜가 아니었군요'로 생각하면 됩니다.

🌲 단어 🌲

げいのうじん 연예인

161

01 ~가 아니다

명사를 보통말로 나타내는 부정표현은 명사 뒤에 ではない를 붙입니다. 해석상으로 '~가 아니다'라고 해서, ~가 없다라고 하면, 해석이 완전이 달라집니다. 예를 들어, 本ではない 는 '책이 아니다'이지만, 本がない는 '책이 없다' 가 됩니다. 명사 뒤 조사가 어떤 것이 오느냐에 따라 해석이 달라지기 때문에 유의해야 합니다. 한국인들이 그대로 번역에서 말하려다 보면 가장 많이 하는 실수 중에 하나입니다.

또, では는 じゃ로 축약하여 사용할 수 있습니다.

예 私は先生ではない。 나는 선생님이 아니다.

예 これはペンじゃない。 이것은 펜이 아니다.

02 ~가 아닙니다

명사 뒤에 ～ではありません을 붙이면 '~가 아닙니다'가 됩니다. ～ではありません 역시 では를 じゃ로 축약하여 말할 수 있습니다. 또한, ではない에 です만 붙여도 의미는 같은 정중형이 됩니다.

예 ここは会社ではありません。 여기는 회사가 아닙니다.

= ここは会社じゃありません。

= ここは会社ではないです。

= ここは会社じゃないです。

예 今日は木曜日ではありません。 오늘은 목요일이 아닙니다.

= 今日は木曜日じゃありません。

= 今日は木曜日ではないです。

= 今日は木曜日じゃないです。

03 ~가 아니었다

과거를 부정하는 표현은 명사 뒤에 ～ではなかった를 붙입니다. 회화체에서는 종종 では를 じゃ로 축약하여 말합니다. 과거 부정도 역시 ～がなかった라고 하게 되면 '~가 없었다'로 해석되기 때문에 유의해야 합니다. 예를 들어, それはゆめではなかった는 '그것은 꿈이 아니었다.'이지만 それはゆめがなかった는 '그것은 꿈이 없었다'가 되어 어색한 문장이 됩니다. 따라서, '~아니었다.'고 부정표현을 사용할 때에는, 조사 사용에 유의해야 합니다.

예 ここは店ではなかった。 여기는 가게가 아니었다.

예 あの人はお父さんじゃなかった。 저 사람은 아빠가 아니었다.

04 ~가 아니었습니다

명사 뒤에 ～ではありませんでした를 붙여서, 정중하게 명사의 과거를 부정합니다. 이 역시 실제 회화에서는 보통 では를 じゃ로 축약하여 사용합니다. 또한, ～ではありませんでした는 ではなかったです로 바꿔 쓸 수 있습니다.

예 それはコーヒーではありませんでした。 그것은 커피가 아니었습니다.
  = それはコーヒーじゃありませんでした。
  = それはコーヒーではなかったです。
  = それはコーヒーじゃなかったです。

예 これは花ではありませんでした。 이것은 꽃이 아니었습니다.
  = これは花じゃありませんでした。
  = これは花ではなかったです。
  = これは花じゃなかったです。

05 의문형

'~아니야?' '~아니었어?' 등 반말 형태로 의문문을 만들 때, 회화에서는 끝을 올려서 말하면 됩니다. か를 붙이기도 하지만 대개 끝을 올려주는 것으로 간단하게 말합니다. 존중형의 경우, 완결된 문장 끝에 か만 붙여주면 됩니다. 이때는 보통 문장의 내용을 부정하는 것이 아니라, 문장의 사실을 확인하거나 반문, 혹은 재확인 할 때에 주로 사용합니다.

例 小林さんは学生ではなかった？코바야시 씨는 학생이 아니었어?

= 小林さんは学生じゃなかった？

例 昨日は休みではありませんでしたか。 어제는 휴가가 아니었습니까?

= 昨日は休みじゃありませんでしたか。

= 昨日は休みではなかったですか。

= 昨日は休みじゃなかったですか。

🐱 추가 표현

어떤 대상에 대해 아는지 물어볼 때, "~에 대해서 알아?"라고 묻곤 합니다. '~에 대해서'는 ~について라고 합니다. 그래서, 어떤 것에 대해 아는지 물어볼 때, ~について知ってますか라고 물어볼 수 있습니다.

例 あのニュースについて知ってる？ 저 뉴스에 대해서 알아?

例 車についてよく知ってますか。차에 대해서 잘 알고 있습니까?

✿ 쉬어가기 – 밥상머리 예절 3편 – 일본 가정집에 초대 받았을 때 예절

일본 가정집에 초대받게 된다면 당연히 방문 예절을 익히고 가는 것이 좋겠죠? 집에 초대를 받아서 집에 들어가게 되면, 모든 일본인들이 인사말처럼 하는 말이 있습니다. 『おじゃまします』라고 꼭 말합니다. じゃま는 '방해'라는 뜻인데 직역하면 '방해하겠습니다'라는 말입니다. 실례한다는 말을 자신을 낮추어서 표현한 것입니다. 일본 가정집에 초대받았을 때, 『おじゃまします』라고 말하면 일본 문화를 공부했다는 긍정적인 인식을 주어, 상대에게 호감을 얻을 수 있겠죠?
 그리고, 몇 가지 지켜야 할 사항이 있습니다.

1️⃣ 약속 시간보다 일찍 가지 않는 것이 좋습니다. 상대의 사적인 공간에 가는 것이기 때문에 약속 시간 전에 방문하는 것은 결례가 될 수 있기 때문입니다. 보통 정시에 도착하거나, 정시보다 1-2분 늦게 도착하는 것이 가장 좋습니다.

2️⃣ 현관에서 신발을 벗을 때에는 뒤돌아서 문쪽을 바라보고 벗으면 안 됩니다. 집 쪽을 바라보고 벗은 후에 쪼그려 앉아서 신발 방향을 바꾸어 정리해 두어야 합니다.

3️⃣ 보통 일본에서는 집에서 슬리퍼를 신습니다. 한국처럼 온돌문화가 아니기 때문에 바닥이 항상 차갑기 때문입니다. 그래서, 스타킹 혹은 양말을 신고 가는 것이 좋습니다.

4️⃣ 한국에서도 마찬가지지만, 가정집에 방문할 때에는 빈 손으로 방문하지 않습니다. 미리 선물을 준비해서 갑니다. 먹을 거나 마실 것을 간단하게 준비해 가면 좋습니다. 또한, 선물은 현관이 아닌 방에서 건넵니다.

5️⃣ 식사를 할 때, 가운데 놓인 음식을 개인 접시에 덜어 먹을 경우에는 젓가락을 먹던 쪽으로 집어오지 않고 반대쪽으로 뒤집어서 덜어다가 다시 뒤집어서 먹습니다. 즉, 젓가락은 양쪽을 다 사용합니다.

위 사항들만 지켜도 초대받은 자리에서 큰 결례 없이 좋을 시간을 보낼 수 있을 것입니다.

학습 후 Check

Q₁ ' ~가 아니다'라고 말할 때, 어떻게 표현할까요?

· 나카무라 씨는 운동선수가 아닙니다.

_____

Q₂ 누군가에 대해 아는 지 물어볼 때, 어떻게 말할까요?

· 저 사람에 대해서 알고 있습니까?

_____

* ' ~가 아니다'라고 할 때에는 조사 が가 아닌 では나 じゃ를 쓰기 때문에 항상 유의해야 합니다.
이 점만 잘 기억해도 자연스러운 문장을 만들어 이야기할 수 있습니다.

Q₃ 주어진 어휘에 해당하는 뜻을 알맞게 연결하세요.

1 ゆうめい　·　　　　　　　　　　　· a 꿈

2 ゆめ　·　　　　　　　　　　　· b 차

3 むかし　·　　　　　　　　　　　· c 옛날

4 くるま　·　　　　　　　　　　　· d 유명

Q4 빈칸에 들어갈 알맞은 말을 고르세요.

1 あの人、_____ますか。저 사람, 알아요?

    a. して   b. しって   c. わかる   d. わかて

2 田中さんはげいのうじん_____ありません。다나카 씨는 연예인이 아닙니다.

    a. が   b. は   c. で   d. では

3 この本に_____よくわかります。이 책에 대해 잘 압니다.

    a. よって   b. ついて   c. しって   d. では

Q5 앞에서 배운 어휘로 직접 문장을 만들어 봅시다.

1 저 연예인 알아?

_____

2 몰라요. 누구입니까?

_____

3 가족에 대해서 이야기하고 있습니다.

_____

4 요즘 아이돌에 대해서는 잘 모릅니다.

_____

🫖 궁금한데 잘 알려주지 않는 일본어

Q わかる와 しる는 모두 '알다'라는 뜻인데 둘의 차이가 있나요?

A   わかる와 しる는 모두 '알다'라는 뜻을 가지고 있지만 쓰임새는 조금 다릅니다. わかる는 어떠한 사항에 대한 이해를 말합니다. 사람의 마음을 알고, 어떤 것을 듣고 이해하는 것을 말하지만 しる는 지식이나 정보, 경험의 습득을 말합니다.

　예를 들어, 어떤 사람에 대해 자세히는 모르지만 이름과 얼굴 정도를 안다면 しる가 적절합니다. 하지만, 그 사람에 대해 잘 알고, 이해하고 있다면 わかる라고 할 수 있습니다.

　단순히 학문에 대한 지식이나, 어떠한 사실, 뉴스에 대해 안다면 しる, 더 나아가서 어떠한 상황의 시스템을 이해하고 있다면 わかる 입니다.

Q きれいだ는 꼭 '예쁘다'인데, 사람한테만 사용할 수 있나요? '예쁘다' 말고 다르게 사용할 수도 있나요?

A   きれいだ는 기본적으로 '예쁘다'는 뜻을 가지고 있지만 다른 뜻도 있습니다.

　'방이 깨끗하다'고 할 때 '깨끗하다'로 사용할 수도 있고 멋진 자연 광경 앞에서 '멋지다'는 뜻으로 쓸 수도 있습니다.

　또한, '일이 깨끗하게, 깔끔하게 끝이 나다'는 뜻으로도 사용할 수도 있습니다.

14강

これは
いくらですか。
이것은 얼마입니까?

MP3
듣기 / 다운로드

생각해 보세요

Q1. '얼마입니까?'라고 어떻게 물어볼까요?

Q2. 가격은 어떻게 말할까요?

필수 어휘

오늘 배울 표현에 대한 필수 어휘입니다. 다음 빈칸에 들어갈 말을 직접 써보세요. 🎧 14_01.mp3

독음	일본어	한국어
센	せん 千	천
만	まん 万	
이쿠라		얼마
	ビビンバ	비빔밥
교-자		만두
	とけい	시계
후쿠	ふく 服	
아메	あめ	
케-키		케이크
	べつべつ	따로따로
오네가이		부탁
젠부	ぜんぶ 全部	
즈츠		~씩
하라우	はらう	
	おごる	한턱내다
잇쇼켐메		열심히

🌲정답🌲

만 | いくら | 비빔바 | ぎょうざ | 토케- | 옷 | 사탕 | ケーキ | 베츠베츠
| おねがい | 전부 | ずつ | 지불하다 | 오고루 | いっしょうけんめい
一生懸命

🔊 필수 예문

🎧 14_02.mp3

01

이 옷은 얼마입니까?

このふくはいくらですか。

02

2천 5백 엔입니다.

にせんごひゃくえんです。

03

제가 사겠습니다.

わたしがおごります。

04

전부 1개씩 주세요.

ぜんぶひとつずつください。

05

계산은 카드로 부탁드립니다.

かいけいはカードでおねがいします。

🌲 단어 🌲

かいけい 계산 | カード 카드

 반말 상황

🎧 14_03.mp3

친구들과 함께 식당에서 밥을 먹고 계산을 하고자 합니다.
얼마씩 내면 되는지 확인하고자 할 때, 어떻게 말할까요?

A ビビンバ三^{みっ}つでいくら?

비빔바밋쯔데이쿠라

비빔밥 세 개에 얼마야?

B 全部^{ぜんぶ}で2万^{にまん}4千円^{よんせんえん}だよ。

젠부데니만욘센엔다요

전부 해서 2만 4천 원이야.

A いくらずつはらえばいい?

이쿠라즈츠하라에바이이

얼마씩 내면 돼?

B 私^{わたし}がおごるよ!

와타시가오고르요

내가 낼게!

● で는 '~로' '~에서' 등 다양한 해석이 가능한 조사이지만 위 대화 三つでいくら 에서 で는 어떠한 한
도, 기준을 나타내는 조사입니다. 따라서 '3개에 얼마'와 같은 뜻입니다.

오늘 배울 표현을 생생한 대화로 들어보세요.
친한 친구와 밥상머리에서 나눌 수 있는 편안한 표현과 격식을 갖춰야 할 자리의 표현을 비교해 보세요.

존댓말 상황

14_04.mp3

회사동료들과 함께 식당에서 식사를 했습니다.
각각 계산하고자 할 때, 어떤 표현을 사용할까요?

A **ぎょうざ五(いつ)つ、ラーメン四(よっ)つでいくらですか。**

교-자이츠츠라-멘욧쯔데이쿠라데스카

만두 5개, 라면 4개 총 얼마입니까?

B **全部(ぜんぶ)で6,000(ろくせん)円(えん)です。**

젠부데로쿠센엔데스

전부해서 6,000엔입니다.

A **1,500(せんごひゃく)円(えん)ずつはらえばいいですね。**

센고햐쿠엔즈츠하라에바이이데스네

1,500엔씩 내면 되겠네요.

A **べつべつにおねがいします。**

베츠베츠니오네가이시마스

각각 부탁드려요.

● 일본에서는 각자 먹은 것을 각자 계산하는 경우가 많습니다. 하지만, 아예 나눠 먹지 않는 것은 아닙니다. 서로의 동의하에 함께 시켜서 각자 덜어 먹게 되는 경우, 인원 수만큼 돈을 나눠서 내기도 합니다.

짚고 넘어가는 문법

01 금액 묻기

'얼마입니까?'는 「いくらですか」라고 합니다. 특정 물건에 대해 가격을 물어보려면 앞에 지시대명사인 これ(이거), それ(그거), あれ(저거)를 붙여주거나 このくつ(이 신발)처럼 물건 이름을 붙여주면 됩니다.

예 このとけいはいくらですか。 이 시계는 얼마입니까?

예 あの服はいくらですか。 저 옷은 얼마입니까?

02 1,000 단위

1,000단위는 3,000과 8,000 발음에 주의해야 합니다. 특히 3,000의 경우 せん이 ぜん으로 발음되기 때문에 유의하세요. 6,000은 '로쿠센'이라고도 하지만 '록센'처럼 발음하기도 합니다.

1,000	2,000	3,000	4,000	5,000
せん	にせん	さんぜん	よんせん	ごせん
6,000	7,000	8,000	9,000	
ろくせん	ななせん	はっせん	きゅうせん	

03 10,000 단위

만 단위는 숫자에 그대로 万을 붙여주면 됩니다. 다만, 1만은 그냥 '만'이라고 하지 않고 항상 いちまん이라고 합니다.

10,000	20,000	30,000	40,000	50,000
いちまん	にまん	さんまん	よんまん	ごまん
60,000	70,000	80,000	90,000	100,000
ろくまん	しちまん	はちまん	きゅうまん	じゅうまん

예 28,000円　　にまんはっせんえん
예 19,000円　　いちまんきゅうせんえん

04 사람 수 세기

사람 수를 셀 때에는 숫자 뒤에 '명'을 뜻하는 にん을 붙이면 됩니다. 단, 한 명과 두 명은 다르게 읽기 때문에 유의해야 합니다.

한 명	두 명	세 명	네 명	다섯 명
ひとり	ふたり	さんにん	よにん	ごにん
一人	二人	三人	四人	五人
여섯 명	일곱 명	여덟 명	아홉 명	열 명
ろくにん	ななにん・しちにん	はちにん	きゅうにん・くにん	じゅうにん
六人	七人	八人	九人	十人

예 何人ですか。 몇 명입니까?
예 ふたりです。 두 명입니다.

05 개수 세기

개수를 셀 때에는 いち, に, さん을 사용하지 않고 다른 표기법을 사용합니다. 처음엔 조금 어렵게 느껴질 수 있으니 여러 번 읽고 반복해서 익히시기 바랍니다. '몇 개'는 いくつ라고 합니다.

하나	둘	셋	넷	다섯
ひとつ	ふたつ	みっつ	よっつ	いつつ
一つ	二つ	三つ	四つ	五つ
여섯	일곱	여덟	아홉	열
むっつ	ななつ	やっつ	ここのつ	とお
六つ	七つ	八つ	九つ	十

(예) いくつですか。 몇 개입니까?
(예) ここのつです。 아홉 개입니다.

06 ~하면

아직은 일어나지 않은 일을 가정하는 방법으로, ~ば를 사용합니다. 동사의 그룹에 따라 그 변형이 달라지기 때문에, 어떠한 규칙으로 달라지는지 살펴봅시다.

1그룹 동사	어미 う단을 え단으로 바꾸고 ば를 붙임	あそぶ 놀다 → あそべば 놀면 いく 가다 → いけば 가면 のむ 마시다 → のめば 마시면

176

2그룹 동사	어미 る를 れば로 바꿈	たべる 먹다 → たべれば 먹으면
		みる 보다 → みれば 보면
3그룹 동사	불규칙 동사	する 하다 → すれば 하면
		くる 오다 → くれば 오면

예 日本語の勉強を一生懸命すれば上手になります。
　　일본어 공부를 열심히 하면 능숙해질 것입니다.

예 君が行けば私も行く。　네가 가면 나도 갈게.

추가 표현

가격을 물어보는 것 이외에도 식당에서 계산과 관련된 표현들이 있습니다. 익혀두면 유용하게 쓸 수 있으니 알아두시기 바랍니다.

会計おねがいします。 계산 부탁드려요.
お会計はごいっしょですか。 계산은 같이 하시나요?
まとめておねがいします。 한꺼번에 계산해 주세요.
クレジットカードもできますか。 신용카드도 돼요?
領収書もください。 영수증도 주세요.

예 いっしょに会計おねがいします。 같이 계산해 주세요.
예 領収書もおねがいします。 영수증도 부탁드립니다.

학습 후 Check

Q₁ '얼마입니까?'라고 어떻게 물어볼까요?

· 이것은 얼마입니까?

_____

Q₂ 가격은 어떻게 말할까요?

· 3만 5천 엔입니다.

_____

Q₃ 주어진 어휘에 해당하는 뜻을 알맞게 연결하세요.

1 いくら   ·   · a 열심히

2 べつべつ   ·   · b ~씩

3 ずつ   ·   · c 얼마

4 いっしょうけんめい ·   · d 각각

Q4 빈칸에 들어갈 알맞은 말을 고르세요.

1 あめよっつ_____いくらですか。사탕 4개에 얼마입니까?

a. で   b. て   c. に   d. は

2 はちまんさん_____ウォンです。83,000원입니다.

a. せん   b. ぜん   c. まん   d. ひゃく

3 いくらずつ_____いい? 얼마씩 내야 해?

a. はらう   b. はらえる   c. はらって   d. はらえば

Q5 앞에서 배운 어휘로 직접 문장을 만들어 봅시다.

1 케이크 2개에 얼마입니까?

_____

2 전부해서 3만 8천 원입니다.

_____

3 각각 계산해주세요.

_____

4 영수증 부탁합니다.

_____

🫖 궁금한데 잘 알려주지 않는 일본어

Q べつべつに 혹은 べつべつで 가 '각각', '따로따로'라는 뜻이면 べつに 는 어떤 뜻인가요? 드라마 대사에서 많이 들려요.

A べつに 역시 べつべつに 혹은 べつべつで처럼 '각각', '따로따로'라는 뜻으로 사용될 수 있습니다. 하지만, 문장의 맥락에 따라서 다르게 해석될 수도 있습니다.

대게 부정적인 내용이 뒤를 따르는 경우, '별로', '특별히'라는 뜻을 가집니다. べつによくない 하게 되면 '별로 좋지 않아'와 같은 뜻이 됩니다.

따라서, 상황과 맥락에 따라서 적절히 해석을 해야 합니다.

Q はらう는 '돈을 내다' 인데 그냥 직역해서 お金をだす라고 하면 안 되나요?

A '돈을 내다' 를 직역해서 お金をだす 해도 의미상 틀리지는 않으나, '지불하다' 의 뜻은 가지고 있지 않습니다.

お金をだす는 말 그대로 어떠한 공간으로부터 '돈을 꺼내다'라는 뜻이며, 무언가 에 대한 '값을 치르다' 는 뜻은 없습니다. 반면에, はらう는 '돈이나 값을 내어주다' 혹은 '지불하다' 라는 뜻을 가지고 있기에 계산할 때 사용할 수 있는 어휘입니다.

덧붙여서, 한 가지 주의해야 할 점은 はらう는 '값을 지불하다' 는 뜻도 있지만 맥락에 따라서 '제거하다, 없애버리다, 물리치다' 라는 뜻도 있기 때문에 해석에 유의해야 합니다.

15강

のみすぎるのは いけません。

많이 마시면 안 돼요.

MP3
듣기 / 다운로드

생각해 보세요

Q1. '~ 하자'와 같이 권유하는 표현은 어떻게 할까요?

Q2. '~ 하면 안 돼'와 같은 금지 표현은 어떻게 할까요?

필수 어휘

오늘 배울 표현에 대한 필수 어휘입니다. 다음 빈칸에 들어갈 말을 직접 써보세요.   🎧 15_01.mp3

독음	일본어	한국어
미-팅구	ミーティング	미팅
	声	목소리
뎅와		전화
	いけない	좋지 않다, 바람직하지 않다
마츠	待つ	
하지메루	始める	
카에루	帰る	
	おく	두다
샤신오토루		사진을 찍다
토메루		세우다
	うそをつく	거짓말을 하다
오쿠레루	遅れる	
오오키이		크다
모치롱	もちろん	
	そろそろ	이제 슬슬
	まだ	아직

정답

| 코에 | 電話 | 이케나이 | 기다리다 | 시작하다 | 돌아가다 | 오쿠 | 写真をとる |
| とめる | 우소오츠쿠 | 늦다 | 大きい | 물론 | 소로소로 | 마다 |

🎧 15_02.mp3

01 회의를 시작합시다.
かいぎをはじめましょう。

02 여기에서 사진을 찍으면 안 돼요.
ここでしゃしんをとってはいけません。 Or
ここでしゃしんをとってはいけないです。

03 거짓말을 하면 안 됩니다.
うそをついてはならないです。 or うそをついてはなりません。

04 이제 슬슬 집에 갑시다.
そろそろいえにかえりましょう。

05 여기에 가방을 두어도 괜찮습니까?
ここにかばんをおいてもいいですか。

🌲단어🌲

かいぎ 회의 ｜ ここ 여기 ｜ いえ 집 ｜ かばん 가방

회화 표현

 반말 상황 🎧 15_03.mp3

맥주를 마시고 싶어하는 친구에게 같이 마시자고 제안할 때, 어떤 표현을 사용할까요?

A **今日はビールを飲もうとおもっている。**

쿄-와비-루오노모-토오못테이루

오늘은 맥주를 마시려고 생각하고 있어.

B **ほんとう? いっしょに飲もう!**

혼토- 잇쇼니노모-

정말? 같이 마시자!

A **もちろんいいよ。**

모치롱이이요

물론 좋아.

B **でも、飲みすぎるのはいけないよ。**

데모 노미스기루노와이케나이요

그렇지만, 많이 마시는 것은 안 돼.

● いっしょには '잇쇼-니'처럼 길게 발음하는 것이 아닌 '잇쇼니' 짧게 발음해야 하니 이 점, 유의해주세요.

오늘 배울 표현을 생생한 대화로 들어보세요.
친한 친구와 밥상머리에서 나눌 수 있는 편안한 표현과 격식을 갖춰야 할 자리의 표현을 비교해 보세요.

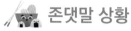 **존댓말 상황** 🎧 15_04.mp3

다이어트 하려고 마음 먹은 날, 회사 동료가 같이 하자고 제안합니다.
함께하는 건 좋지만, 건강한 다이어트를 하자고 말하고 싶습니다. 어떻게 말할까요?

A **明日からダイエットしようとおもっています。**
아시타카라다이엣토시요-토오못테이마스

내일부터 다이어트 하려고 생각하고 있습니다.

B **いっしょにしましょう。**
잇쇼니시마쇼-

같이 해요.

A **もちろんいいです。**
모치롱이이데스

물론 좋아요.

B **でも、野菜だけのダイエットはいけませんよ。**
데모 야사이다케노다이엣토와이케마셍요

그렇지만 야채만 먹는 다이어트는 안 돼요.

● 일본에서는 '~하려고 해'처럼 확정적으로 말을 하는 것보다 '~하려고 생각하고 있다'와 같이 돌려서 간접적으로 표현할 때가 많습니다. 자연스러운 일본식 회화표현이니 익숙해지면 좋습니다.

🌲 **단어** 🌲

ほんとう 정말 | だけ ~ 뿐, ~만

185

짚고 넘어가는 문법

01 ~ 하자

'~ 하자' 와 같은 동사의 의지형은 ~(よ)う 형태이며, 화자의 생각이나 의지를 나타냅니다.

1그룹 동사	어미 う단을 お단으로 바꾸고 う를 붙임	あそぶ 놀다 → あそぼう 놀자 いく 가다 → いこう 가자 のむ 마시다 → のもう 마시자
2그룹 동사	어미 る를 よう로 바꿈	たべる 먹다 → たべよう 먹자 みる 보다 → みよう 보자
3그룹 동사	불규칙 동사	する 하다 → しよう 하자 くる 오다 → こよう 오자

예 バスに乗ろう。 버스를 타자.

예 いっしょに待とう。 같이 기다리자.

02 ~합시다

~ましょう는 '~ 합시다'라는 권유표현입니다. 직접적이고 의지가 드러나는 표현이기 때문에 손윗사람에게는 사용하지 않습니다. 뒤에 か를 붙이면 '~할까요?'라는 뜻으로 조금 더 부드럽게 표현할 수 있으며 이때에는 손윗사람에게도 사용해도 괜찮습니다.

1그룹 동사	어미 う단을 い단으로 바꾸고 ましょう를 붙임	あそぶ 놀다 → あそびましょう 놉시다 いく 가다 → いきましょう 갑시다 のむ 마시다 → のみましょう 마십시다
2그룹 동사	어미 る를 ましょう로 바꿈	たべる 먹다 → たべましょう 먹읍시다 みる 보다 → みましょう 봅시다
3그룹 동사	불규칙 동사	する 하다 → しましょう 합시다 くる 오다 → きましょう 옵시다

예 ミーティングを始(はじ)めましょう。 미팅을 시작합시다.
예 そろそろ家(いえ)に帰(かえ)りましょうか。 이제 슬슬 집에 돌아갈까요?

* 帰る는 형태는 2그룹이지만 예외 동사로 1그룹 동사 취급합니다.

03 ~해도 좋다

어떠한 행동을 해도 된다는 허락의 의미로는 ～てもいい를 사용합니다. 동사의 て형과 결합합니다. '~해도 좋다'라고 해석하며 존중형은 뒤에 です를 붙이면 됩니다.
예 この上(うえ)にかばんをおいてもいいですか。 이 위에 가방을 놓아도 됩니까?
예 あそこに車(くるま)をとめてもいいですか。 저기에 차를 세워도 괜찮습니까?

04 ~하면 안 된다

어떠한 개인적인 이유 때문에 '~하면 안 된다'고 금지 표현을 할 때에 주로 사용하는 표현으로 ～てはいけない라고 합니다. 동사의 て형과 결합하여 사용합니다. 혹은 회화에서는 ～てはだめ 라는 표현을 쓰기도 합니다. だめ는 독립적으로 '안 돼!'라고 말할 때 주로 사용합니다.

예 大きい声で電話してはいけない。 큰소리로 전화를 하면 안 돼.

예 ここで写真をとってはだめ。 여기에서 사진을 찍으면 안 돼.

05 ~하면 안 됩니다

'~하면 안 된다'의 존중형은 표현으로 ～てはいけないです 혹은 ～てはいけません 이라고 하면 됩니다. ～てはだめです를 사용해도 무방합니다.

예 うそをついてはいけません。 거짓말을 하면 안 됩니다.

예 約束の時間におくれてはいけないです。 약속 시간에 늦으면 안 됩니다.

06 ~해서는 안 됩니다

～てはいけない 와 마찬가지로 금지표현이지만 조금 더 공적이고 사회적인 이유를 들어서 그렇게 하면 안 된다고 하는 표현은 ～てはならない라고 합니다. 존중형은 です를 붙이면 됩니다.

예 ここでタバコをすってはならない。 여기에서 담배를 피우면 안 돼.
예 ここで食(た)べ物(もの)を食(た)べてはならないです。 여기에서 음식을 먹으면 안 됩니다.
　　음식

🐱 추가 표현

그 어떤 표현보다 강하게 금지명령을 하는 표현도 있습니다. 동사의 기본형에 な를 붙여서 표현하며, 어떠한 동작을 제재하는 강한 의지 표현입니다.

예 こちらへ来(く)るな。 이쪽으로 오지 마.
예 友達(ともだち)に話(はな)すな。 친구에게 이야기하지 마.

학습 후 Check

Q_1 '~ 하자'와 같이 권유하는 표현은 어떻게 할까요?

· 같이 기다리자.

_____

Q_2 '~ 하면 안 돼' 와 같은 금지 표현은 어떻게 할까요?

· 여기에서 담배를 피우면 안 됩니다.

_____

* 앞 과에서 배운 동사의 て형은 이번 과에서 배운 것처럼 '~하면 안 돼' 등 응용 표현으로 굉장히 많이 사용되기 때문에 변형 규칙은 항상 숙지해 두세요!

Q_3 주어진 어휘에 해당하는 뜻을 알맞게 연결하세요.

1 かえる   ·   · a 늦다

2 とめる   ·   · b 돌아가다

3 おくれる ·   · c 두다

4 おく   ·   · d 세우다

Q4 빈칸에 들어갈 알맞은 말을 고르세요.

1 明日から運動を_____とおもっている。
あした うんどう
내일부터 운동을 하려고 생각하고 있다.

　　a. する　　　　　b. しよう　　　　　c. しょう　　　　　d. しろ

2 大きい声で_____はいけません。큰 목소리로 이야기하면 안 됩니다.
おお こえ

　　a. はなす　　　　b. はなし　　　　　c. はなして　　　　d. はなしに

3 うそをつく_____。거짓말 하지 마.

　　a. です　　　　　b. だ　　　　　　　c. で　　　　　　　d. な

Q5 앞에서 배운 어휘로 직접 문장을 만들어 봅시다.

1 오늘은 라면을 먹으려고 생각하고 있어.

_____

2 내년에 일본에 가려고 합니다.

_____

3 같이 케이크 먹자!

_____

4 아직 시작하면 안 됩니다.

_____

🍵 궁금한데 잘 알려주지 않는 일본어

Q '집'을 뜻하는 うち와 いえ는 차이가 있나요?

A うち와 いえ는 둘 다 '집'이라는 뜻이지만 아주 약간의 차이는 있습니다. うち는 '가정'에 가깝고 いえ는 '집'이라는 건물 자체를 뜻하는 것에 가깝습니다.

즉, うち는 심리적인 '집', いえ는 물리적인 '집'을 뜻합니다. 서로 바꿔 쓰는 경우도 종종 있지만, 대개의 경우 いえ를 うち라고 할 수 있지만, うち를 いえ라고 하는 경우는 잘 없습니다. 또한, 타인의 집을 이야기할 때에는 うち를 사용하지 않고 いえ라고 합니다. うち안에는 '나의 집'이라는 말이 포함되어 있기 때문입니다.

Q 구체적인 위치 표현은 어떻게 하나요?

A 보통 '이 위에', '저 뒤'와 같이 지시대명사 뒤에 위치 표현을 써서 위치를 나타내는 경우가 많은데요, 이때에는 지시대명사와 위치 사이에 の만 넣어주면 됩니다. '기준 장소+ の+ 위치'로 써주면 됩니다. 자주 쓰는 위치 표현은 한번 더 숙지해둡시다.

위	아래	안, 속	겉, 밖
うえ(上)	した(下)	なか(中)	そと(外)
앞	뒤	오른쪽	왼쪽
まえ(前)	うしろ(後ろ)	みぎ(右)	ひだり(左)

예를 들어, '테이블 아래'는 テーブルのした라고 합니다. 이, 그, 저 와 같은 지시대명사와 결합할 때에는 この、その、あの를 붙여주면 됩니다. '저 안에 무엇이 있습니까?'는 「あの中に何がありますか」라고 합니다.

더 나아가서, '옆'은 となり（隣）혹은 よこ（横）, '사이'는 あいだ（間）라고 합니다.

うどんが
たべたいです。
우동이 먹고 싶습니다.

MP3
듣기 / 다운로드

생각해 보세요

Q1. '~가 먹고 싶다'고 할 때, 어떻게 말할
까요?

Q2. '새로 생긴 음식점'을 뭐라고 할까요?

필수 어휘

오늘 배울 표현에 대한 필수 어휘입니다. 다음 빈칸에 들어갈 말을 직접 써보세요. 🎧 16_01.mp3

독음	일본어	한국어
가이쇼쿠	外食 <small>がいしょく</small>	외식
도라마		드라마
	新聞 <small>しんぶん</small>	신문
우타	歌 <small>うた</small>	
아후리카	アフリカ	
아타라시이		새롭다
	できた	일, 또는 무엇인가가 생기다
	住む <small>す</small>	살다
시누		죽다
	聞く <small>き</small>	듣다
츠쿠루	作る <small>つく</small>	
야스무		쉬다
야	屋 <small>や</small>	
미세	店 <small>みせ</small>	
	はやく	빨리
	もう	더 이상
이츠카		언젠가

정답

ドラマ | 심분 | 노래 | 아프리카 | 新しい <small>あたら</small> | 데키타 | 스무 | 死ぬ <small>し</small> | 키쿠 |
만들다 | 休む <small>やす</small> | 전문가, (전문)집 | 가게, 상점 | 하야쿠 | 모― | いつか

🐯 필수 예문

🎧 16_02.mp3

01
노래를 듣고 싶습니다.
うたがききたいです。

02
조금 쉬고 싶습니다.
すこしやすみたいです。

03
신문은 읽고 싶지 않습니다.
しんぶんはよみたくないです。

04
새 가게가 생겼습니다.
あたらしいみせができました。

05
어떤 드라마를 보고 싶습니까?
どんなドラマがみたいですか。

🌲 단어 🌲

みる 보다

195

회화 표현

 반말 상황

친구에게 먹고 싶은 것을 이야기할 때, 어떻게 표현할까요?

A 私、すきやき食べたい。

와타시 스키야키타베타이

나, 스키야키 먹고 싶어.

B そう? ひさしぶりに外食しようか。

소- 히사시부리니가이쇼쿠시요-카

그래? 오랜만에 외식할까?

A さいきん、新しくできたすきやき屋行きたい。

사이킹 아타라시쿠데키타스키야키야이키타이

최근, 새로 생긴 스키야키집 가고 싶어.

B そこ行こう!

소코이코-

거기 가자!

● 새로 생긴 스키야키집은 新しくできたすきやき屋 로, 우동집을 수식해주는 '새로 생긴'은 '생기다'
를 뜻하는 동사의 완결형을 그대로 가져다가 앞에 쓰면 됩니다. '생긴'을 수식해주는 '새로'는 '새롭다'
라는 뜻의 新しい를 부사화시켜서 新しく로 변형해주면 됩니다.

오늘 배울 표현을 생생한 대화로 들어보세요.
친한 친구와 밥상머리에서 나눌 수 있는 편안한 표현과 격식을 갖춰야 할 자리의 표현을 비교해 보세요.

 존댓말 상황　　　　　　　　　🎧 16_04.mp3

회사 동료들과의 점심시간, 새로 생긴 우동집에 가자고 말하고 싶습니다. 어떻게 말할까요?

A **私、うどんが食べたいです。**

와타시 우동가타베타이데스

저, 우동이 먹고 싶습니다.

B **そうですか。ひさしぶりにうどん食べましょうか。**

소-데스카 히사시부리니우동타베마쇼-카

그래요? 오랜만에 우동 먹을까요?

A **さいきん、新しくできたうどん屋行きたいです。**

사이킹 아타라시쿠데키타우동야이키타이데스

최근, 새로 생긴 우동집 가고 싶습니다.

B **そこ行きましょう!**

소코이키마쇼-

거기 갑시다!

● ます형에 ましょう를 붙이면 '~합시다'라는 뜻의 권유 표현입니다. 직접적이고 강한 뉘앙스이기 때문에 손윗사람에게는 잘 사용하지 않습니다.

🌲 단어 🌲

すきやき 스키야키(일본식 소고기 전골)

짚고 넘어가는 문법

01 ~ 하고 싶다

동사의 ます형에 たい를 붙이면 화자의 희망을 이야기하거나 상대방의 희망을 물을 때 사용할 수 있는 표현입니다. 주의해야 할 점은 희망하는 대상을 말할 때에는 조사 を가 아닌 が를 사용해야 합니다.

1그룹 동사	어미 う단을 い단으로 바꾸고 たい를 붙임	あそぶ 놀다 → あそびたい 놀고 싶다 いく 가다 → いきたい 가고 싶다 のむ 마시다 → のみたい 마시고 싶다
2그룹 동사	어미 る를 たい로 바꿈	たべる 먹다 → たべたい 먹고 싶다 みる 보다 → みたい 보고 싶다
3그룹 동사	불규칙 동사	する 하다 → したい 하고 싶다 くる 오다 → きたい 오고 싶다

예 しずかなまちで住みたい。 조용한 동네에서 살고 싶다.
마을, 동네

예 服が買いたい。 옷을 사고 싶다.
옷

02 ~ 하고 싶습니다

'~ 하고 싶다'의 존중형은 동사의 ます형에 ~たいです를 붙여주면 됩니다.

예 おいしい料理が作りたいです。 맛있는 요리를 만들고 싶습니다.

예 はやく休みたいです。 빨리 쉬고 싶습니다.

03 ~ 하고 싶지 않다

' ~하고 싶다'의 부정형은 '~하고 싶다'가 이로 끝나기 때문에 い형용사의 부정형을 만드는 방법과 같습니다. たい에서 い를 떼고 くない를 붙이면 됩니다. 존중형은 ~たくない 에 です를 그대로 붙여주면 됩니다. 혹은 ～たくありません이라고 하면 됩니다.

1그룹 동사	어미 う단을 い단으로 바꾸고 たくない를 붙임	あそぶ 놀다 → あそびたくない 놀고 싶지 않다 いく 가다 → いきたくない 가고 싶지 않다 のむ 마시다 → のみたくない 마시고 싶지 않다
2그룹 동사	어미 る를 たくない로 바꿈	たべる 먹다 → たべたくない 먹고 싶지 않다 みる 보다 → みたくない 보고 싶지 않다
3그룹 동사	불규칙 동사	する 하다 → したくない 하고 싶지 않다 くる 오다 → きたくない 오고 싶지 않다

예 死にたくない。 죽고 싶지 않다.

예 もう遊びたくないです。 더 이상 놀고 싶지 않습니다.

= もう遊びたくありません。

04 ~하고 싶었다, ~하고 싶었습니다

'~하고 싶다'의 과거형 역시 い로 끝나기 때문에 い형용사의 과거형을 만드는 방법과 같습니다. たい에서 い를 떼고 かった를 붙이면 됩니다. 존중형은 ~たかった 에 です를 그대로 붙여주면 됩니다.

1그룹 동사	어미 う단을 い단으로 바꾸고 たかった를 붙임	あそぶ 놀다 → あそびたかった 놀고 싶었다 いく 가다 → いきたかった 가고 싶었다 のむ 마시다 → のみたかった 마시고 싶었다
2그룹 동사	어미 る를 たかった로 바꿈	たべる 먹다 → たべたかった 먹고 싶었다 みる 보다 → みたかった 보고 싶었다
3그룹 동사	불규칙 동사	する 하다 → したかった 하고 싶었다 くる 오다 → きたかった 오고 싶었다

例 昨日はほんとうに家に帰りたかった。 어제는 정말 집에 가고 싶었다.

例 はやくドラマが見たかった。 빨리 드라마를 보고 싶었다.

　＊帰る는 형태는 2그룹이지만 예외 동사로 1그룹 동사 취급합니다.

05 ~하고 싶지 않았다, ~하고 싶지 않았습니다

' ~하고 싶지 않다'의 과거형 역시 い로 끝나기 때문에 い형용사의 과거형을 만드는 방법과 같습니다. たい에서 い를 떼고 くなかった를 붙이면 됩니다. 존중형은 ~くなかった 에 です를 그대로 붙여주면 됩니다. 혹은 ~くありませんでした를 붙입니다.

1그룹 동사	어미 う단을 い단으로 바꾸고 たくなかった를 붙임	あそぶ 놀다 → あそびたくなかった 놀고 싶지 않았다 いく 가다 → いきたくなかった 가고 싶지 않았다 のむ 마시다 → のみたくなかった 마시고 싶지 않았다
2그룹 동사	어미 る를 たかった로 바꿈	たべる 먹다 → たべたくなかった 먹고 싶지 않았다 みる 보다 → みたくなかった 보고 싶지 않았다
3그룹 동사	불규칙 동사	する 하다 → したくなかった 하고 싶지 않았다 くる 오다 → きたくなかった 오고 싶지 않았다

例 新聞は読みたくなかった。 신문은 읽고 싶지 않았다.

例 その時、 ごはんが食べたくなかったです。 그때, 밥을 먹고 싶지 않았습니다.
　 ＝その時、 ごはんが食べたくありませんでした。

🐱 추가 표현

'～하고 싶다'라는 표현도 있지만 경험에 대한 의지, 관심에 대한 표현으로 우리 '～ 해 보고 싶다'라고도 이야기 종종 이야기합니다. 언젠가 무언가를 '해보고 싶다'라는 표현을 할 때, 동사의 て형에 접속하여 ～てみたい라고 합니다. 정중형은 です만 붙여주면 됩니다.

例 いつかはアフリカへ行ってみたいです。 언젠가는 아프리카에 가보고 싶습니다.
例 その歌を聞いてみたいです。 그 노래를 들어보고 싶습니다.

학습 후 Check

Q₁ '~가 먹고 싶다' 고 할 때, 어떻게 말할까요?

• 라면이 먹고 싶다.

_____

Q₂ '새로 생긴 음식점'을 뭐라고 할까요?

• 새로 생긴 우동집

_____

* ' ~가 하고 싶다', '~ 하고 싶지 않다'를 뜻하는 표현을 배웠습니다. 동사의 그룹에 따라 변형 규칙만 이해하고 있다면 어떠한 동사가 와도 변형해서 문장을 만들 수 있으니 여러 문장을 통해 연습해보세요.

Q₃ 주어진 어휘에 해당하는 뜻을 알맞게 연결하세요.

1 やすむ · · a 쉬다

2 つくる · · b 살다

3 きく · · c 만들다

4 すむ · · d 듣다

Q4 빈칸에 들어갈 알맞은 말을 고르세요.

1 すきやき_____たべたい。 스키야키를 먹고 싶어.

    a. に   b. は   c. が   d. で

2 _____できたうどん屋に行きたいです。 새로 생긴 우동집에 가고 싶습니다.

    a. あたらしい   b. あたらしに   c. あたらしくて   d. あたらしく

3 ゲームをして_____です。 게임을 해보고 싶습니다.

    a. みて   b.みたい   c. たい   d. たくない

Q5 앞에서 배운 어휘로 직접 문장을 만들어 봅시다.

1 일본에 가고 싶어.

_____

2 한국 영화를 보고 싶습니다.

_____

3 나는 아침밥은 먹고 싶지 않았어.

_____

4 어제 맥주를 마시고 싶었습니다.

_____

203

🫖 궁금한데 잘 알려주지 않는 일본어

Q '가게'를 뜻하는 **みせ**(店)와 **や**(屋)의 차이점이 무엇인가요?

A   みせ(店)는 상품을 진열하고 있는 장소라는 뜻입니다. や(屋)보다는 상대적으로 규모가 있거나, 체인을 두고 있는 느낌이 강합니다. 반면에 や(屋)는 '어떠한 상품을 전문적으로 파는 사람, 가게'라는 뜻이 강합니다.

　　또한, 작은 규모에 지역 밀착적인 이미지가 있는 어휘입니다. 그래서 야채가게(やおや(八百屋))、생선가게(さかなや(魚屋)) 등과 같이, 상품의 종류를 앞에 붙여서 부르는 경우가 대부분입니다.

　　보통, 기본적인 상점을 말할 때에는 みせ(店)라고 하며, や(屋)는 독립적으로 쓰는 경우는 잘 없습니다.

Q '보고 싶다'고 할 때, **みたい**라고 하면 안 되나요?

A   어떠한 미디어나, 책 등이 보고 싶을 때에는 みたい라고 해도 됩니다.

　　하지만 '사람'을 보고 싶다고 말할 때에는 みたい라고 하지 않고, 会いたい라고 합니다. '만나고 싶다'에 가깝기 때문입니다.

　　그래서 '네가 보고 싶어'라고 할 때에는 あなたに会いたい라고 합니다. 조사 に를 사용한다는 점은 항상 유의해야 합니다.

17강

かんこくりょうり
韓国料理が
つく
作れますか。
한국 음식을 만들 수 있습니까?

MP3
듣기 / 다운로드

생각해 보세요

Q1. ' ~ 할 수 있다'고 어떻게 표현할까요?

Q2. 상대방에게 대단하다고 칭찬할 때에
는 어떻게 말할까요?

필수 어휘

오늘 배울 표현에 대한 필수 어휘입니다. 다음 빈칸에 들어갈 말을 직접 써보세요.　🎧 17_01.mp3

독음	일본어	한국어
템뿌라	てんぷら	튀김
카츠동	カツどん	
후랑스고		프랑스어
	英語	영어
칸지	漢字	
마에		앞
지지츠	事実	
메-루	メール	
운텐		운전
치가우	ちがう	
	およぐ	헤엄치다
	起きる	일어나다
	送る	(메일 등을) 보내다
죠-즈다		잘하다
헤타다		못하다
	すごい	대단하다

정답

카츠동 | フランス語 | 에이고 | 한자 | 前 | 사실 | 메일 | 運転 | 다르다/틀리다 | 오요구 | 오키루 | 오쿠루 | 上手だ | 下手だ | 스고이

🎧 17_02.mp3

01

헤엄칠 수 있습니다.

およげます。 or およぐことができます。

02

프랑스어로 말할 수 있습니다.

フランスごではなせます。 Or

フランスごではなすことができます。

03

저는 운전할 수 없습니다.

わたしはうんてんができません。

04

그녀는 영어를 잘 합니다.

かのじょはえいごがじょうずです。

05

저는 아직 한자를 읽을 수 없습니다.

わたしはまだかんじがよめません。 Or

わたしはまだかんじをよむことができません。

🌲 단어

かのじょ 그녀 │ まだ 아직 │ よむ 읽다

회화 표현

 반말 상황　　　　　　　　　　　　　(🎧 17_03.mp3)

친구들에게 튀김 음식을 만들어 주었습니다.
그리고, 다른 일본 음식도 만들 수 있다고 자랑하고자 합니다. 어떻게 말할까요?

A このてんぷら、おいしい。ほかの日本料理も作れる?

코노템뿌라 오이시이 호카노니혼료-리모츠쿠레르

이 튀김, 맛있어. 다른 일본요리도 만들수 있어?

B もちろん。わたし、カツどんも作れるよ。

모치롱 와타시 카트동모츠쿠레루요

물론이지. 나, 가츠동도 만들 수 있어.

A へー。すごいね。

헤- 스고이네

와~ 대단하네.

B 前は料理が下手だったけど今はちがうよ。

마에와료-리가헤타닷타케도이마와치가우요

전에는 요리가 서툴렀지만 지금은 달라.

● 한국어는 '〜를 잘하다'라고 목적격으로 말하지만 일본어는 이때, 조사 〜を를 사용하지 않고 조사 が
　를 사용합니다. 뉘앙스에 따라서는 '〜는 잘한다'라고 할 때에는 조사 は를 사용할 수 있습니다.

오늘 배울 표현을 생생한 대화로 들어보세요.
친한 친구와 밥상머리에서 나눌 수 있는 편안한 표현과 격식을 갖춰야 할 자리의 표현을 비교해 보세요.

 존댓말 상황 🎧 17_04.mp3

회사 동료가 한국 음식을 만들어 주었습니다.
다른 한국 음식도 할 수 있는지 어떻게 물어볼까요?

A **このチゲ、おいしいですね。ほかの韓国料理も作れますか。**

코노치게 오시이이데스네 호카노캉코쿠료-리모츠쿠레마스카

이 찌개, 맛있네요. 다른 한국요리도 만들 수 있습니까?

B **はい、プルコギとキムチも作れます。**

하이 푸르코기토키무치모츠쿠레마스

네, 불고기와 김치도 만들 수 있습니다.

A **へー。すごいですね。**

헤- 스고이데스네

와. 대단하네요.

B **前は料理があんまり上手じゃなかったけど今はちがいます。**

마에와료-리가암마리죠-즈쟈나캇타케도이마와치가이마스

전에는 요리를 그다지 잘하지 못했지만 지금은 달라요.

● '~를 못하다' 역시 한국어는 목적격으로 말하지만 일본어는 '잘하다'와 마찬가지로 조사 を를 사용하
지 않고 조사 が를 사용합니다.

📖 단어

ほかの 다른 │ チゲ 찌개 │ プルコギ 불고기

209

짚고 넘어가는 문법

01 ~ 할 수 있다

' ~할 수 있다'는 표현은 동사의 그룹에 따라 활용 형태가 달라지니 잘 기억해야 합니다. 한 가지 유의해야 할 점은 '~을 할 수 있다'라고 할 때, 조사 を가 아닌 조사 が를 사용해야 한다는 점입니다. 또한, 2그룹 동사의 가능형은 ~られる의 형태인데, 회화에서는 ら를 빼고 말을 하기도 합니다.

1그룹 동사	어미 う단을 え단으로 바꾸고 る를 붙임	あそぶ 놀다 → あそべる 놀 수 있다 いく 가다 → いける 갈 수 있다 のむ 마시다 → のめる 마실 수 있다
2그룹 동사	어미 る를 (ら)れる로 바꿈	たべる 먹다 → たべ(ら)れる 먹을 수 있다 みる 보다 → み(ら)れる 볼 수 있다
3그룹 동사	불규칙 동사	する 하다 → できる 할 수 있다 くる 오다 → こ(ら)れる 올 수 있다

예) 私（わたし）はおよげる。 나는 헤엄칠 수 있다.

예) 私（わたし）はフランス語（ご）が読（よ）める。 나는 프랑스어를 읽을 수 있다.

02 ~ 할 수 있습니다

1그룹 동사	어미 う단을 え단으로 바꾸고 ます를 붙임	あそぶ 놀다 → あそべます 놀 수 있습니다 いく 가다 → いけます 갈 수 있습니다 のむ 마시다 → のめます 마실 수 있습니다

2그룹 동사	어미 る를 (ら)れます로 바꿈	たべる 먹다 → たべら(れ)ます 먹을 수 있습니다 みる 보다 → み(ら)れます 볼 수 있습니다
3그룹 동사	불규칙 동사	する 하다 → できます 할 수 있습니다 くる 오다 → こ(ら)れます 올 수 있습니다

예 あなたは漢字が読めますか。 당신은 한자를 읽을 수 있습니까?

예 私は明日はやく起きられます。 저는 내일 일찍 일어날 수 있습니다.

03 ~할 수 없다

' ~할 수 없다'는 표현 역시 동사의 그룹에 따라 활용 형태가 달라집니다. 부정형 역시 '~ 을 할 수 없다'라고 할 때, 조사 를가 아닌 조사 가를 사용해야 합니다. 또한, 2그룹 동사의 가능형은 ~られない의 형태인데, 회화에서는 ら를 빼고 말을 하기도 합니다.

1그룹 동사	어미 う단을 え단으로 바꾸고 ない를 붙임	あそぶ 놀다 → あそべない 놀 수 없다 いく 가다 → いけない 갈 수 없다 のむ 마시다 → のめない 마실 수 없다
2그룹 동사	어미 る를 (ら)れない로 바꿈	たべる 먹다 → たべ(ら)れない 먹을 수 없다 みる 보다 → み(ら)れない 볼 수 없다
3그룹 동사	불규칙 동사	する 하다 → できない 할 수 없다 くる 오다 → こ(ら)れない 올 수 없다

예 私はその事実が話せない。 나는 그 사실을 말할 수 없다.

예 このお菓子は食べられない。 이 과자는 먹을 수 없다.

04 ~할 수 없습니다

3번에서 배운 ない형 뒤에 그대로 です를 붙여도 되고, 아래와 같이 ません의 형태로 쓸 수도 있습니다.

1그룹 동사	어미 う단을 え단으로 바꾸고 ません를 붙임	あそぶ 놀다 → あそべません 놀 수 없습니다 いく 가다 → いけません 갈 수 없습니다 のむ 마시다 → のめません 마실 수 없습니다
2그룹 동사	어미 る를 (ら)れません로 바꿈	たべる 먹다 → たべ(ら)れません 먹을 수 없습니다 みる 보다 → み(ら)れません 볼 수 없습니다
3그룹 동사	불규칙 동사	する 하다 → できません 할 수 없습니다 くる 오다 → こ(ら)れません 올 수 없습니다

예) メールが送れません。 메일을 보낼 수 없습니다.

예) もう待てません。 더 이상 기다릴 수 없습니다.
待つ 기다리다

05 ~할 수(가) 있습니다 / 없습니다

가능 표현을 만드는 방법은 앞에서 배운 것처럼 동사의 기본형을 가능형으로 만드는 방법도 있지만 동사의 기본형에 ~ことができる(~할 수 있다)를 붙이는 방법도 있습니다. '~할 수 있습니다'라고 존중형으로 말할 때에는 ~ことができます라고 하며, 할 수 없을 때에는 ~ことができない(~할 수 없다), ~ことができません(~할 수 없습니다)를 붙이면 됩니다.

예) 日本語が話せます。 일본어를 말할 수가 있습니다.

= 日本語を話すことができます。

예) 中国料理が作れません。 중국요리를 만들 수가 없습니다.

= 中国料理を作ることができません。

〜ができます 앞에는 언어, 운동, 기능, 악기 등을 나타내는 명사를 사용할 수도 있습니다. '~를 할 수 없습니다' 앞에는 〜ができません 을 붙이면 됩니다.

예 運転_{うんてん}ができます。 운전을 할 수 있습니다.

예 運転_{うんてん}ができません。 운전을 할 수 없습니다.

추가 표현

동사의 가능형에 〜ようになる를 붙이면 예전에는 불가능했던 일이 가능해졌다는 상황의 변화를 나타냅니다. 즉, '~ 할 수 있게 되다'로 해석합니다. 보통 회화에서는 '~ 하게 되었다' 라고 하기 때문에 〜ようになった로 쓰며, 존중형은 〜ようになりました를 붙이면 됩니다.

예 カタカナが書_かけるようになった。 가타카나를 쓸 수 있게 되었다.

예 子供_{こども}が歩_{ある}けるようになりました。 아이가 걸을 수 있게 되었습니다.

213

학습 후 Check

Q₁ ' ~ 할 수 있다' 고 어떻게 표현할까요?

· 나는 일본어를 할 수 있습니다.

_____

Q₂ 상대방에게 대단하다고 칭찬할 때에는 어떻게 말할까요?

· 대단하네요.

_____

* 가능형의 경우 동사의 기본형을 변형해서 사용하는 방식, 기본형에 다른 표현을 붙여서 사용하는 방식이 있었습니다. 말을 할 때에는 편한 표현을 골라 쓰면 되지만, 상대방으로부터 들을 땐 둘 다 이해할 수 있어야 하기 때문에 꼭 알아두시기 바랍니다.

Q₃ 주어진 어휘에 해당하는 뜻을 알맞게 연결하세요.

1 およぐ ·   · a 보내다

2 おくる ·   · b 헤엄치다

3 おきる ·   · c 일어나다

4 ちがう ·   · d 다르다

Q4 빈칸에 들어갈 알맞은 말을 고르세요.

1 日本料理_____つくれますか。일본음식을 만들 수 있습니까?

　　a. は　　　　　　　b. へ　　　　　　　c. が　　　　　　　d. に

2 英語_____日本語が話せます。영어와 일본어로 말할 수 있습니다.

　　a. と　　　　　　　b. が　　　　　　　c. も　　　　　　　d. は

3 はやく起きる_____ができません。일찍 일어날 수 없습니다.

　　a. ほか　　　　　　b. もの　　　　　　c. とこ　　　　　　d. こと

Q5 앞에서 배운 어휘로 직접 문장을 만들어 봅시다.

1 이거, 먹을 수 있어요?

　　_____

2 중국어로 말할 수 있습니다.

　　_____

3 이쪽으로 갈 수 있습니까?

　　_____

4 저는 한자를 읽을 수 없습니다.

　　_____

궁금한데 잘 알려주지 않는 일본어

Q 일본인들은 すごい 라는 말을 정말 많이 사용하던데, 정확히 어떨 때 쓰는 건가요?

A 일본어는 한국어보다 상대적으로 어휘 수가 적어서 한 단어에 여러 가지 의미를 내포하고 있는 경우가 많습니다. 맥락과 상황에 따라 파악해야 하기 때문에 여러 가지 의미를 미리 알고 있는 것도 중요합니다.

대표적으로 한 가지가 すごい입니다. 일반적으로 '대단하다' '멋지다'라고 쓰지만 맥락에 따라 '무섭다', '오싹하다'로도 해석이 됩니다. 보통의 경우에는 상대방을 칭찬하거나 무언가 멋진 것을 봤을 때, 많이 사용합니다.

한 어휘의 모든 뜻을 암기해야 한다고 생각하기보다 다양한 예문을 많이 접하고 스스로 문장을 만들어 보는 것이 좋습니다.

Q 「そうですね」 와 「そうです」 의 차이가 무엇인가요?

A 회화에서는 문장 끝에 ね를 붙이면 '~이네요'라는 뉘앙스로 부드럽게 말하는 것과 동시에 상대방이 동의해줄 것을 기대하는 심리를 나타냅니다. 「そうです」 가 '그렇습니다'라면, 「そうですね」 의 경우에는 보통 '그렇네요/그렇군요'와 같은 뉘앙스라고 생각하면 좋습니다.

「そうですね」 는 대개의 경우 '그렇네요/그렇군요'로 쓰이지만, 상대방의 물음에 대답하기 전에 생각을 하며 뜸을 들일 때 '글쎄요'라고 할 때에도 사용합니다.

18강

こんな日はチキンを食べなければならないです。

이런 날은 치킨을 먹어야 합니다.

MP3
듣기 / 다운로드

생각해 보세요

Q1. ' ~ 해야 한다'는 의무 표현은 어떻게
할까요?

Q2. ' ~하고 나서'는 어떻게 말할까요?

필수 어휘

오늘 배울 표현에 대한 필수 어휘입니다. 다음 빈칸에 들어갈 말을 직접 써보세요.   🎧 18_01.mp3

독음	일본어	한국어
히	日 (ひ)	날
	毎日 (まいにち)	매일
	日記 (にっき)	일기
하	歯 (は)	
치킨		치킨
고미		쓰레기
우치	うち	
	準備 (じゅんび)	준비
고미바코		쓰레기통
감바루	がんばる	
츠카레루		피곤하다
	寝る (ね)	자다
카타즈케루	かたづける	
미가쿠		(이 등을) 닦다
스테루	捨てる (す)	
	守る (まも)	지키다
오쿠	おく	

정답

| 마이니치 | 닛키 | 이 | チキン | ゴミ (ごみ) | 집 | 준비 | ゴミ箱 (ごみばこ) | 힘내다, 분발하다 |
| 疲れる (つか) | 네루 | 정리하다 | みがく | 버리다 | 마모루 | 두다 |

218

🎧 18_02.mp3

01
매일 일기를 써야 합니다.
まいにち、にっきをかかなければならないです。 Or
まいにち、にっきをかかなければなりません。

02
방을 정리해야 합니다.
へやをかたづけなければならないです。 Or
へやをかたづけなければなりません。

03
밥을 먹고 나서, 이를 닦습니다.
ごはんをたべてからはをみがきます。

04
여권을 준비해두었습니다.
パスポートをじゅんびしておきました。

05
약속은 지키지 않으면 안 됩니다.
やくそくはまもらなければならないです。 Or
やくそくはまもらなければなりません。

★단어★

へや 방 ｜ ごはん 밥 ｜ は 이 ｜ パスポート 여권 ｜ やくそく 약속

회화 표현

 **반말 상황**　　　　　　　　　　　　　　🎧 18_03.mp3

친구들과 함께 조별 과제를 마치고 저녁을 먹으려고 합니다.
다 함께 수고했으니 치킨을 먹자고 친구들한테 어떻게 말할까요?

A **あー。疲れた。今日ほんとうにがんばった。**

　　아- 츠카레타 쿄-혼토니감받타

　　아- 피곤하다. 오늘 진짜 힘들었다.

B **そろそろばんごはんを食べようか。**

　　소로소로방고항오타베요-카

　　이제 슬슬 저녁밥을 먹을까?

A **こんな日はチキンを食べなければならない!**

　　콘나히와치킨오타베나케레바나라나이

　　이런 날은 치킨을 먹어야 하지!

B **わあー。いいよ。これかたづけてから行こう。**

　　와아- 이이요 코레카타즈케테카라이코-

　　와-. 좋아. 이거 정리하고 가자.

● こんな하면 '이런'이라는 뜻입니다. こ(이)、そ(그)、あ(저)、ど(어느) 뒤에 んな를 붙여서 이런, 그런, 저런, 어떤으로 해석합니다. 뒤에 항상 명사가 따라옵니다.

존댓말 상황　　　　　　　　　　　　　　　　🎧18_04.mp3

회사 동료들과 늦게까지 일을 했습니다. 다 같이 저녁을 먹자고, 치킨을 먹어야 하지 않겠냐
고 제안하고자 합니다. 어떤 표현을 사용할까요?

A おつかれさまでした。今日（きょう）、ほんとうにがんばりました。

오츠카레사마데시타 쿄- 혼토니감바리마시타

수고하셨습니다. 오늘, 정말 고생하셨습니다.

B そろそろばんごなん食（た）べましょうか。

소로소로방고항타베마쇼-카

이제 슬슬 저녁을 드실까요?

A こんな日（ひ）はチキンを食（た）べなければなりません。

콘나히와치킨오타베나케레바나리마셍

이런 날은 치킨을 먹어야죠!

B いいですね。これかたづけておきましょう。

이이데스네 코레카타즈케테오키마쇼-

좋네요. 이거 정리해둡시다.

●「おつかれさまでした」는 윗사람이 아랫사람에게 '수고하셨습니다'라고 하는 표현이지만 오늘날에는
아랫사람이 윗사람에게 해도 무방합니다. 원래 아랫사람이 윗사람에게는 「ごくろうさまでした」라고
합니다.

짚고 넘어가는 문법

~ 해야 한다, ~하지 않으면 안 된다

〜なければならない는 '~하지 않으면 안 된다' 혹은 '~ 해야 한다'는 뜻으로 의무를 나타내는 표현입니다. ' ~해야 한다'는 것을 직접적으로 말하지 않고 부정형으로 돌려서 말하는 것은, 일본에서는 자기 생각을 남에게 직접적으로 표현하는 것이 실례가 된다고 생각하기 때문입니다. 따라서 '~하지 않으면 안 된다'라고 간접적인 이중 부정의 형태를 취하는 것입니다.

1그룹 동사	어미 う단을 あ단으로 바꾸고 なければならない를 붙임	あそぶ 놀다 　　　　　→ あそばなければならない 놀아야 한다 いく 가다 → いかなければならない 가야 한다 のむ 마시다 → のまなければならない 마셔야 한다
2그룹 동사	어미 る를 なければならない로 바꿈	たべる 먹다 → たべなければならない 먹어야 한다 みる 보다 → みなければならない 봐야 한다
3그룹 동사	불규칙 동사	する 하다 → しなければならない 해야 한다 くる 오다 → こなければならない 와야 한다

예 子供ははやく寝なければならない。　어린이는 일찍 자야한다.

예 本を毎日読まなければならない。　책을 매일 읽어야 한다.

02 ~해야 합니다, ~하지 않으면 안 됩니다

'~해야 한다'의 존중형은 위의 ならない에 です를 붙이거나, 아래와 같이 ~なければなり
ません을 사용하면 됩니다.

1그룹 동사	어미 う단을 あ단으로 바꾸고 なければなりません를 붙임	あそぶ 놀다 　→ あそばなければなりません 놀아야 합니다 いく 가다 → いかなければなりません 가야 합니다 のむ 마시다 　→ のまなければなりません 마셔야 합니다
2그룹 동사	어미 る를 なければなりません로 바꿈	たべる 먹다 　→ たべなければなりません 먹어야 합니다 みる 보다 → みなければなりません 봐야 합니다
3그룹 동사	불규칙 동사	する 하다 → しなければなりません 해야 합니다 くる 오다 → こなければなりません 와야 합니다

예 約束(やくそく)は守(まも)らなければならないです。 약속은 지켜야 합니다.

예 10時(じゅうじ)まではうちへ帰(かえ)らなければなりません。 10시까지는 집에 가야 합니다.

* 帰る는 형태는 2그룹이지만 예외 동사로 1그룹 동사 취급합니다.

03 ~ 하고 나서. ~ 한 후에

동사의 て형에 から를 붙이면 ' ~하고 나서' 혹은 '~ 한 후에'라는 뜻입니다. 어떠한 동작을 끝낸 뒤에 다른 동작을 하는 경우에 쓰는 표현으로 시간적 순서가 반영되어 있습니다.

1그룹 동사	く로 끝나는 동사 →く를 いてから로 변형 ぐ로 끝나는 동사 →ぐ를 いでから로 변형	かく 쓰다 → かいてから 쓰고 나서, 쓴 후에 およぐ 서두르다 → およいでから 헤엄치고 나서, 헤엄친 후에
	う,つ,る로 끝나는 동사 → う,つ,る를 ってから로 변형	あう 만나다 → あってから 만나고 나서, 만난 후에 わかる 알다 → わかってから 알고 나서, 안 후에
	ぬ,ぶ,む로 끝나는 동사 → ぬ,ぶ,む를 んでから로 변형	あそぶ 놀다 → あそんでから 놀고 나서, 논 후에 のむ 마시다 → のんでから 마시고 나서, 마신 후에
	す로 끝나는 동사 → す를 してから로 변형	はなす 말하다 → はなしてから 말하고 나서, 말한 후에
2그룹 동사	る를 てから로 변형	たべる 먹다 → たべてから 먹고 나서, 먹은 후에 みる 보다 → みてから 보고 나서, 본 후에
3그룹 동사	불규칙 동사	する 하다 → してから 하고 나서, 한 후에 くる 오다 → きてから 오고 나서, 온 후에

예 日記を書いてから寝ます。 일기를 쓰고 나서 잡니다.

예 ごはんを食べてから歯をみがきます。 밥을 먹고 나서 이를 닦습니다.

04 ~ 해 두다

동사의 て형에 おく를 붙이면 '해두다', '~해놓다'라는 뜻으로, 어떠한 동작이나 행동이 완료된 상태를 나타냅니다. おく는 '두다'라는 동사로 '물건을 두다'와 같이 직접적인 행동에도 쓸 수 있지만, ～ておく와 같이 て형에 연결하여 쓸 때에는 상태를 뜻하는 표현으로 사용할 수 있습니다.

て형에 보조동사를 연결하는 표현들은 통째로 외워두는 편이 좋습니다. 이때, て 뒤의 보조동사는 한자로 쓰지 않고 히라가나로 쓰는 것이 원칙입니다.

존댓말은 ～ておきます라고 하며, '~해두었습니다', '해놓았습니다'라고 할 때에는 ～ておきました라고 합니다.

예 準備しておく。 준비를 해두다.
　　じゅんび

예 テーブルはかたづけておきましたか。 테이블은 정리해두었습니까?
　　테이블

🐱 추가 표현

'～ 해야 한다'는 표현을 더 강력하게 할 수 있는데, 동사 기본형에 ～べきだ(です)를 붙이면 됩니다. 당연히 그렇게 해야 한다는 당위성을 나타내는 표현입니다.

예 ゴミはゴミ箱に捨てるべきだ。 쓰레기는 쓰레기통에 버려야 한다.
　　ごみ　　ごみばこ す

예 約束は守るべきです。 약속은 지켜야 한다.
　　やくそく まも

학습 후 Check

Q₁ '~ 해야 한다'는 의무 표현은 어떻게 할까요?

· 오늘은 치킨을 먹어야 합니다.

_____

Q₂ ' ~하고 나서'는 어떻게 말할까요?

· 밥을 먹고 나서 회사에 갑니다.

_____

Q₃ 주어진 어휘에 해당하는 뜻을 알맞게 연결하세요.

1 ねる　　　　·　　　　　　　　　· a 지키다

2 かたづける　·　　　　　　　　　· b 정리하다

3 すてる　　　·　　　　　　　　　· c 자다

4 まもる　　　·　　　　　　　　　· d 버리다

Q4 빈칸에 들어갈 알맞은 말을 고르세요.

1 勉強を一生懸命し_____ならないです。공부를 열심히 해야 합니다.

　　a. ない　　　　b. なけば　　　　c. なければ　　　　d. るければ

2 そろそろうちに_____ましょう。이제 슬슬 집에 갑시다.

　　a. かえり　　　　b. かえ　　　　c. かえる　　　　d. かえて

3 これかたづけて_____食べよう。이것 정리하고 먹자.

　　a. の　　　　　　b. より　　　　c. まで　　　　d. から

Q5 앞에서 배운 어휘로 직접 문장을 만들어 봅시다.

1 오늘 정말 피곤하다.

　_____

2 이런 날은 술을 마셔야지!

　_____

3 내일은 일찍 일어나야 합니다.

　_____

4 약속을 지키지 않으면 안 됩니다.

　_____

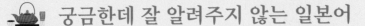

Q 今日, 日, 日記 에서 모두 같은 한자 '일(日)'을 쓰고 있는데 왜 다르게 발음하나요? 어떻게 다른가요? 그리고 매번 어떻게 구분하나요?

A 일본 한자를 읽는 방법은 두 가지가 있습니다. 흔히 음독과 훈독이라고 합니다. 음독이란, 중국의 한자 발음을 그대로 차용하여 읽는 방법을 말하며, 훈독이란 한자의 의미를 따서 일본어 발음으로 읽는 방법을 말합니다. 예를 들어, 물 수(水)의 경우, 음독으로 읽으면 すい라고 하지만 훈독으로 읽으면 '물'을 뜻하는 みず라고 읽습니다. 대부분 음독은 수중(水中), 수요일(水曜日)과 같이 둘 이상의 한자가 결합한 숙어일 때 많이 사용됩니다. 훈독은 한자와 결합한 동사이거나, 독립적으로 쓸 때 사용하는 경우가 대부분입니다. 각각 음독 한 개, 훈독 한 개가 있는 것이 아니라 그 개수는 정해져 있지 않으며 여러 개입니다. 또한, 항상 한자어일 때 훈독을 쓴다는 규칙이 있는 것이 아니기 때문에 단어가 등장할 때마다 외우는 것이 가장 정확한 방법입니다. 질문에서 본 今日, 日, 日記 역시, 어휘에 따라 읽는 방법이 달라지는 한 가지 사례로, 구분할 수 있는 규칙이 있는 것은 아니기 때문에 어휘에 따라 읽는 법을 외워야 합니다.

Q '수고하셨습니다'를 뜻하는 「おつかれさまでした」에서 つかれ는 つかれる라는 동사와 다른가요? つかれる는 '피곤하다'라는 뜻인데, 해석이 어색한 것 같아요. 그냥 관용구처럼 쓰이는 건가요?

A つかれ는 '피곤'이라는 뜻을 가지고 있지만, 「おつかれさまでした」는 '수고하셨습니다'로 사용합니다. 전혀 관계가 없진 않습니다. 뒤에 오는 さま는 '님, 선생님'과 같이 상대방을 높여 부를 때 붙이는 표현으로 '피곤하신 분' 정도로 직역할 수 있겠습니다. 고생하고, 수고했기 때문에 '피곤하고, 지치신 분'이라는 표현을 사용한 것으로, 의역해서 '수고하셨습니다'라고 관용구처럼 사용합니다.

· 19강 ·

ぜんぶつか
全部使って
しまいました。
전부 다 써버렸습니다.

MP3
듣기 / 다운로드

생각해 보세요

Q1. '~ 해버리다'는 어떻게 표현할까요?

Q2. '막 ~한 참이다'는 어떻게 표현할까요?

필수 어휘

오늘 배울 표현에 대한 필수 어휘입니다. 다음 빈칸에 들어갈 말을 직접 써보세요. 19_01.mp3

독음	일본어	한국어
와리비키	割引(わりびき)	할인
케쇼-힝	化粧品(けしょうひん)	
료코-		여행
	かさ	우산
오코즈카이		용돈
카기	かぎ	
	ノート	노트, 공책
쥬교-	授業(じゅぎょう)	
무다		쓸데없음, 헛됨
	アイスクリーム	아이스크림
츠카우		사용하다
	もらう	받다
나쿠스		잃어버리다, 분실하다
와스레루	忘(わす)れる	
아게르		(제 3자에게)주다
네보-오스루	寝坊(ねぼう)をする	

정답

화장품 | 旅行(りょこう) | 카사 | おこづかい | 키, 열쇠 | 노-토 | 수업 | むだ | 아이스쿠리-무 | 使(つか)う | 모라우 | なくす | 잊어버리다, 깜빡하다 | あげる | 늦잠을 자다

01

우산을 잃어버렸습니다.
かさをなくしてしまいました。

02

돈을 전부 써버렸습니다.
おかねをぜんぶつかってしまいました。

03

늦잠을 자버렸습니다.
ねぼうをしてしまいました。

04

드라마가 막 끝났습니다.
ドラマがおわったばかりです。

05

점심은 지금 막 먹었습니다.
ひるごはんはいまたべたばかりです。

🌲 단어 🌲

おかね 돈 ｜ ぜんぶ 전부 ｜ ドラマ 드라마 ｜ ひるごはん 점심 ｜ いま 지금

회화 표현

 반말 상황   🎧 19_03.mp3

용돈을 받은 지 얼마 되지 않았는데 돈을 다 써버렸다는 친구. 어떤 표현을 사용할까요?

A お金、全部使ってしまった。

오카네 젠부츠캇테시맏타

돈, 전부 써버렸어.

B おこづかいもらったばかりじゃない？ むだに使わないで。

오코즈카이모랏타바카리쟈나이 무다니츠카와나이데

용돈 받은 지 얼마 안 됐잖아? 쓸데없이 쓰지 마.

A 先週、旅行に行って全部使っちゃった。

센슈- 료코-니잇테젠부츠칻챳타

지난주에 여행 가서 전부 써버렸어.

B なるほどね。

나루호도네

아무렴.

● 「なるほど」는 '과연'이라고 보통 해석하지만 남의 어떠한 주장에 맞장구를 치거나 혹은 긍정도 부정
도 아닌 리액션을 취할 때 사용하는 표현입니다. 어떠한 어투로 말하느냐, 어떠한 맥락에서 사용하느
냐에 따라 다르게 전달될 수 있습니다.

존댓말 상황 🎧 19_04.mp3

회사 동료에게 최근에 돈을 다 써버렸다고 토로하고 싶습니다.
'돈을 다 써버렸다'고 존댓말로 어떻게 표현할까요?

A お金を全部使ってしまいました。

오카네오젠부츠칸테시마이마시타

돈을 전부 써버렸습니다.

B へー。どこに使いましたか。

헤- 도코니츠카이마시타카

헐~. 어디에 썼습니까?

A 化粧品が割引してて買っちゃいました。

케쇼-힝가와리비키시테이테캇챠이마시타

화장품이 할인하고 있어서 사버렸습니다.

B なるほど。

나루호도

아무렴요.

● ~ていて는 '~하고 있어서'라는 뜻으로 회화에서는 ~てて라고 축약해서 사용하기도 합니다.

🌲단어🌲

買う 사다

233

짚고 넘어가는 문법

01 ~ 해버리다

'~해버리다'는 동사의 て형에 접속해서 ~てしまう라고 합니다. 동사의 て형의 변형을 한 번 더 확인해 보세요.

1그룹 동사	く로 끝나는 동사 → 　く를 いて로 변형	かく 쓰다 → かいて 쓰고, 써서
	ぐ로 끝나는 동사 → 　ぐ를 いで로 변형	いそぐ 서두르다 → いそいで 서두르고, 서둘러서
	う,つ,る로 끝나는 동사 → 　う,つ,る를 って로 변형	あう 만나다 → あって 만나고, 만나서 わかる 알다 → わかって 알고, 알아서
	ぬ,ぶ,む로 끝나는 동사 → 　ぬ,ぶ,む를 んで로 변형	あそぶ 놀다 → あそんで 놀고, 놀아서 のむ 마시다 → のんで 마시고, 마셔서
	す로 끝나는 동사 → 　す를 して로 변형	はなす 말하다 → はなして 말하고, 말해서
2그룹 동사	る를 て로 변형	たべる 먹다 → たべて 먹고, 먹어서 みる 보다 → みて 보고, 봐서
3그룹 동사	불규칙 동사	する 하다 → して 하고, 해서 くる 오다 → きて 오고, 와서

예 かさをなくしてしまう。 우산을 잃어버리다.

예 約束を忘れてしまう。 약속을 잊어버리다.

02 '~ 해버리다' 축약형

〜てしまう는 〜ちゃう로 축약해서 사용할 수 있습니다. 보통 회화에서 많이 사용합니다.

예 かさをなくしちゃう。 우산을 잃어버리다.

예 約束を忘れちゃう。 약속을 잊어버리다.

03 ~ 해버렸다

'~해버리다'는 보통 '~해버렸다'의 형태로 많이 사용합니다. 똑같이 동사의 て형에 접속해서 〜てしまった로 표현합니다. 〜てしまった의 축약형은 〜ちゃった입니다.

예 かぎを落としてしまった。 키를 떨어뜨려버렸다.
　＝かぎを落としちゃった。

예 友達にノートを全部あげてしまった。 친구에게 공책을 전부 다 줘버렸다.
　＝友達にノートを全部あげちゃった。

04 ~ 해버렸습니다

〜てしまう의 존중형은 〜てしまいます입니다. 하지만, 회화에서는 '~해버렸습니다'의 형태로 종종 쓰기 때문에 〜てしまいました로 사용합니다.

예 学校に遅れてしまいました。 학교에 늦어버렸습니다.

예 寝坊をしてしまいました。 늦잠을 자버렸습니다.

235

~てしまいました는 ~ちゃいました로 축약해서 사용할 수 있습니다. 보통 회화에서 많이 사용합니다.

예 学校に遅れちゃいました。 学校に늦어버렸습니다.

예 寝坊をしちゃいました。 늦잠을 자버렸습니다.

06 막 ~한 참이다

'~한 지 얼마 안 되다' 혹은 ' 막 ~한 참이다', '방금 ~했다'라는 표현은 동사의 과거형인 た형에 접속하여 ~たばかりだ（です）라고 합니다. 어떠한 동작을 한 지 얼마 되지 않았거나 지금 막 어떤 동작이 끝난 상황을 나타냅니다. 동사의 た형 변형도 그룹에 따라 꼭 확인해주세요.

1그룹 동사	く로 끝나는 동사 → 　　　く를 いた로 변형	かく 쓰다 → かいた 썼다
	ぐ로 끝나는 동사 → 　　　ぐ를 いだ로 변형	いそぐ 서두르다 → いそいだ 서둘렀다
	う,つ,る로 끝나는 동사 → 　　　う,つ,る를 った로 변형	あう 만나다 → あった 만났다 わかる 알다 → わかった 알았다
	ぬ,ぶ,む로 끝나는 동사 → 　　　ぬ,ぶ,む를 んだ로 변형	あそぶ 놀다 → あそんだ 놀았다 のむ 마시다 → のんだ 마셨다
	す로 끝나는 동사 → 　　　す를 した로 변형	はなす 말하다 → はなした 말했다

2그룹 동사	る를 た로 변형	たべる 먹다 → たべた 먹었다 みる 보다 → みた 봤다
3그룹 동사	불규칙 동사	する 하다 → した 했다 くる 오다 → きた 왔다

예 会議が今始まったばかりです。 회의가 지금 막 시작했다.
　　かいぎ　いまはじ
　　회의　始まる 시작하다

예 今起きたばかりです。 지금 막 일어났습니다.
　　いまお
　　일어나다

🐱 추가 표현

'~해버렸다'와 결합하여 자주 사용하는 회화체는 '~해버렸단다'라는 표현입니다. ~てしまった 혹은 ~ちゃった 뒤에 んだ를 붙여서 '아~ 그래버렸구나…', '일이 그렇게 되어버렸단다' 와 같은 뉘앙스를 줄 수 있습니다. ん은 の가 변형된 형태로, 직역하면 '것이다'로, '~해버린 것이다'로 해석할 수 있습니다.

예 お金を全部使ってしまったんだ。 돈을 전부 다 써버렸구나.
　　かね　ぜんぶつか

예 お菓子を全部食べちゃったんだ。 과자를 다 먹어버렸단다.
　　かし　ぜんぶた

학습 후 Check

Q₁ '~ 해버리다'는 어떻게 표현할까요?

· 열쇠를 잃어버렸다.

_____

Q₂ '막 ~한 참이다'는 어떻게 표현할까요?

· 수업이 이제 막 시작한 참입니다.

_____

* '~ 해버리다'는 회화에서 흔히 사용하는 표현이기 때문에 알아두고 실제로 사용해보면 좋겠죠? 또한 대화를 할 때에는 축약형을 쓰는 경우가 많기 때문에 축약하는 방법도 꼭 익혀두시기 바랍니다.

Q₃ 주어진 어휘에 해당하는 뜻을 알맞게 연결하세요.

① わりびき   ·   · a 열쇠

② りょこう   ·   · b 할인

③ かぎ   ·   · c 여행

④ おこづかい ·   · d 용돈

238

Q4 빈칸에 들어갈 알맞은 말을 고르세요.

1 お金を全部使っ_____。돈을 전부 써버렸어.

　　a. てしまって　　　b. ちゃった　　　c. てしまう　　　d. ちゃっと

2 昨日、会議に遅れて_____。어제, 회의에 늦어버렸습니다.

　　a. しまいました　　b. しまうました　　c. しまったの　　　d. ちゃいました

3 今会った_____です。지금 막 만났습니다.

　　a. また　　　　　b. ちゃった　　　c. ばかる　　　d. ばかり

Q5 앞에서 배운 어휘로 직접 문장을 만들어 봅시다.

1 아이스크림, 다 먹어버렸어.

　　_____

2 전부 친구에게 얘기해버렸습니다.

　　_____

3 이걸 다 사버렸구나…

　　_____

4 드라마가 지금 막 끝났습니다.

　　_____

239

🍵🍴 궁금한데 잘 알려주지 않는 일본어

Q 「なるほど」는 구체적으로 언제 쓰는 말인가요? 너무 생소해요.

A 한국에서는 '과연'이라는 말을 일상회화에서 잘 사용하지 않기 때문에 생소할 수 있습니다. 하지만, 일본에서는 종종 사용하는 표현입니다.

1️⃣ 자신이 알고 있는 것에 대해 확인이 되었을 때,

2️⃣ 상대방의 어떠한 주장에 대해 이해하고 납득이 될 때,

3️⃣ 상대방의 의견에 동의할 때 주로 사용합니다. 드라마나 영화를 통해 많이 접할 수 있는 표현이기 때문에 등장할 때마다 상황과 맥락을 보시면 이해하기 쉽습니다.

Q お와 を는 둘 다 '오'라고 발음한다고 하는데, 똑같이 발음해도 되나요?

A お와 を는 둘 다 '오'라고 하지만 미묘한 차이가 있습니다. お는 정확히 '오'라고 발음하지만 を는 정확히는 '오'와 '어'의 중간 발음이라고 생각하면 쉽습니다. '워'에 가까운 소리가 납니다. 하지만 '오'라고 발음해도 상대방이 이해하는 데 지장은 없습니다. 또, を는 '을/를'처럼 조사일 때에만 사용하기 때문에 크게 헷갈리는 상황은 거의 없습니다.

20강

おこって
ごめんなさい。
화내서 미안해요.

MP3
듣기 / 다운로드

생각해 보세요

Q1. 상대방에게 사과할 때, 어떻게 말할
까요?

Q2. '~하면서'와 같이 동시 동작을 말할 땐
어떤 표현을 사용할까요?

필수 어휘

오늘 배울 표현에 대한 필수 어휘입니다. 다음 빈칸에 들어갈 말을 직접 써보세요.　🎧 20_01.mp3

독음	일본어	한국어
케사	今朝 _{けさ}	오늘 아침
슈-쇼쿠		취직
하하오야		부모님
	外国 _{がいこく}	외국
켁카	結果 _{けっか}	
우와사	うわさ	
히토메		남의 눈
	一日 中 _{いちにちじゅう}	하루 종일
타메니		위해서
다이죠-부	大丈夫 _{だいじょうぶ}	
	おこる	화내다
	あやまる	사과하다
토쿠		(문제 등을) 풀다
	考える _{かんが}	생각하다
키니나루	気になる _き	
키니스루	気にする _き	
	ずっと	계속

정답

就職 _{しゅうしょく} | 母親 _{ははおや} | 가이코쿠 | 결과 | 소문 | 人目 _{ひとめ} | 이치니치쥬- | ために | 괜찮다
| 오코루 | 아야마루 | とく | 캉가에루 | 신경 쓰이다 | 신경 쓰다 | 즏토

 **필수 예문**

🎧 20_02.mp3

01
화내서 미안합니다.
おこってごめんなさい。

02
가방을 잃어버려서 죄송합니다.
かばんをわすれてごめんなさい。

03
취직하기 위해서 공부하고 있습니다.
しゅうしょくのためにべんきょうしています。

04
좋은 결과를 위해서 열심히 하겠습니다.
いいけっかのためにがんばります。

05
부모님과 밥을 먹으면서 이야기합니다.
ははおやとごはんをたべながらはなします。

단어

かばん 가방 │ わすれる 잃어버리다

243

회화 표현

 반말 상황

🎧 20_03.mp3

아침에 동생에게 화를 냈습니다. 작은 선물을 사주면서 사과하고자 합니다.
어떤 표현을 사용할까요?

A **今朝、おこってごめん。**

케사 오콧테고멘

오늘 아침, 화내서 미안.

B **いいよ。気にするな。**

이이요 키니스루나

괜찮아. 신경 쓰지 마.

A **でも、一日中 気になって。**

데모 이치니치쥬키니낟테

그치만, 하루 종일 신경이 쓰여서.

君のことを思いながら買った。

키미노코토오오모이나가라칻타

니 생각하면서 샀어.

B **えっ、ありがとう。**

엣 아리가토-

엇, 고마워.

● するな는 동사의 기본형에 な를 붙여서 어떠한 동작을 제재하는 강한 의지를 나타냅니다. '신경 쓰지
마' 하고 강하게 말하는 어조입니다.

244

오늘 배울 표현을 생생한 대화로 들어보세요.
친한 친구와 밥상머리에서 나눌 수 있는 편안한 표현과 격식을 갖춰야 할 자리의 표현을 비교해 보세요.

 존댓말 상황　　　　　　　　　　　　🎧 20_04.mp3

회사에서 아침에 동료가 화를 내서 미안하다고 사과하러 왔을 때, 괜찮다고 이야기하고 싶습니다. 어떻게 말할까요?

A 今朝、おこってごめんなさい。

케사 오콧테고멘나사이

오늘 아침, 화내서 미안해요.

B いいえ、気にしなくてもいいです。

이이에 키니시나쿠테모이이데스

아니에요, 신경 쓰지 않아도 돼요.

A でも、ずっと気になりまして。

데모 즏토키니나리마시테

그렇지만, 계속 신경이 쓰여서요.

　あやまるために準備しました。

아야마루타메니쥼비시마시타

사과하기 위해 준비했습니다.

B えっ、大丈夫ですけど。

엣 다이죠-부데스케도

엇, 괜찮은데요.

● けど는 けれども가 원형입니다. 회화에서는 보통 けど라고 많이 쓰며, 대부분의 경우, が로 바꾸어
　사용할 수 있습니다.

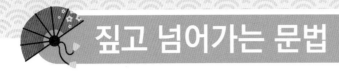
01 ~해서 미안해

사과하는 이유를 말하면서 사과할 때에는 동사의 て형 뒤에 ごめん(미안) 혹은 ごめんな
さい(미안합니다)를 붙이면 됩니다.

예 あなたの落(お)としてごめん。 네 것 떨어뜨려서 미안해.

예 ペン(펜)を忘(わす)れてごめんなさい。 펜을 잃어버려서 미안합니다.

02 ~를 위해서

'어떠한 대상을 위해서'라고 할 때에는 명사 뒤에 ～のために를 붙여주면 됩니다.

예 就職(しゅうしょく)のために勉強(べんきょう)(공부)しています。 취직을 위해서 공부하고 있습니다.

예 母親(ははおや)のために準備(じゅんび)しました。 부모님을 위해서 준비했습니다.

03 ~ 하기 위해서

동사와 결합하여 '~하기 위해서'라고 할 때에는 동사의 기본형 뒤에 ために를 붙여주면
됩니다.

예 外国(がいこく)へ行(い)くために英語(えいご)のべんきょうをします。 외국에 가기 위해 영어공부를 합니다.

예 問題(もんだい)(문제)をとくために考(かんが)えています。 문제를 풀기 위해서 생각하고 있습니다.

04 신경쓰이다 vs. 신경쓰다

気になる와 気にする는 한국어 해석이 비슷하다 보니 헷갈리는 경우가 많습니다. 気になる는 '신경 쓰이다, 걱정되다, 마음에 걸리다, 궁금하다' 등으로 해석하며 자동사처럼 쓰입니다. 어떤 일이 마음에 걸릴 때, 호감 있는 사람에게 신경이 쓰일 때, 어떤 일의 뒷일이나 결과가 궁금할 때 자주 사용합니다. 반면에 気にする는 '신경 쓰다, 걱정하다'로 해석하며 타동사처럼 사용합니다. 남의 눈치를 보는 상황이나 사람 또는 일에 대한 걱정을 할 때 주로 씁니다.

예 テストの結果が気になります。 시험 결과가 신경 쓰입니다.

예 彼女が気になります。 그녀가 신경 쓰입니다.

예 うわさを気にしています。 소문을 신경 쓰고 있습니다.

예 人目を気にする。 남의 눈을 신경 쓰다.

일본에서는 위와 같이 気라는 어휘를 활용한 표현이 많습니다. 대표적으로 몇 가지만 살펴봅시다.

느낌이나 생각이 들다	気がする
마음에 들다	気にいる (気に入る)
알아차리다. 정신을 차리다, 깨닫다	気がつく
마음이 내키지 않는다	気がのらない (気が乗らない)
조심하다	気をつける

예 いい気がする。 좋은 느낌이 들다.

예 気をつけてください。 조심해주세요.

05 ~하면서

'~ 하면서'는 ~ながら라고 하며 동사의 ます형에 접속합니다. 두 가지 동작을 동시에 하는 것을 나타냅니다.

1그룹 동사	어미 う단을 い단으로 바꾸고 ながら를 붙임	あそぶ 놀다 → あそびながら 놀면서 いく 가다 → いきながら 가면서 のむ 마시다 → のみながら 마시면서
2그룹 동사	어미 る를 ながら로 바꿈	たべる 먹다 → たべながら 먹으면서 みる 보다 → みながら 보면서
3그룹 동사	불규칙 동사	する 하다 → しながら 하면서 くる 오다 → きながら 오면서

(예) テレビを見ながらごはんを食べます。 TV를 보면서 밥을 먹습니다.

(예) コーヒーを飲みながら新聞を読みます。 커피를 마시면서 신문을 읽습니다.
　　　커피　飲む 마시다　신문　読む 읽다

🐱 추가 표현

'~해서 미안해'라는 표현으로 ~てごめんなさい를 배웠습니다. 이 표현 외에 일본인들이 또 많이 사용하는 사과 표현이 있습니다. ~てわるかった가 있습니다. 정확히는 '~해서 나빴다, 좋지 않았다'라는 뜻인데요, 사과할 때 이유를 설명하는 표현이라고 할 수 있습니다. 뒤에 「ごめんなさい」까지 덧붙여 주면 좋습니다.

(예) わたしが全部使っちゃってわるかった。ごめん。 내가 다 써버려서 나빴어. 미안해.

(예) おこってわるかったです。ごめんなさい。 화내서 좋지 않았습니다. 죄송합니다.

248

🌸 쉬어가기 - 밥상머리 예절 4편 - 비즈니스 식사 예절

비즈니스 관계로 만난 일본인들과 식사자리가 생기면 어떻게 할까요? 최대한 일본 비즈니스 매너를 이해하고 있으면 편할 것입니다. 그렇다면 식사자리에서 꼭 지켜야 할 예절에는 어떤 것들이 있을까요?

1️⃣ 약속 시간은 꼭 지켜야 합니다. 정시 혹은 5-10분 정도 먼저 도착하는 것이 좋습니다. 그리고, 보통 식사 약속은 2주 전에 잡습니다.

2️⃣ 일본 비즈니스 문화에서는 선물을 주고받는 것이 중요한 풍습입니다. 따라서, 식사 전 선물을 준비해 가는 것이 좋습니다. 선물의 가치 자체보다는 선물을 주고받는 행위 자체에 중점을 두기 때문에 간단한 식품도 괜찮습니다. 한국인은 보통 빨리 상하지 않는 한국 음식인 김, 한과, 약과 등을 주로 선물합니다.

3️⃣ 식사 자리에 앉을 때에는 출입구로부터 가장 먼 자리가 상석입니다. 일본식 방이라면 도코노마(どこの間)에서 가장 가까운 자리가 상석입니다. 도코노마란, 바닥이 나무로 된 공간인데 보통 다다미방에 항상 있습니다. 일반적으로는 족자나 화병, 장식품 등을 놓는 장소입니다. 그리고 나란히 앉게 될 경우에는 오른쪽이 상석입니다.

4️⃣ 만약, 맥주나 다른 술을 곁들여서 식사를 하게 된다면, 식사 중에 술은 권하지 않는 것이 일본 문화이니 무리하여 술을 권하지 않도록 합니다.

5️⃣ 술을 마실 때, 한국에서는 첫 잔은 원샷, 혹은 술잔은 매번 끝까지 비워야 하는 경우가 대부분이지만 일본에서는 '원샷'이라는 개념이 없을뿐더러, 다 마시지 않은 상태에서 술잔을 채우는 경우가 많습니다. 그래서 술잔을 다 비우지 않고 따르는 행위가 오히려 예의 있는 행동입니다. 또한, 술을 상대에게 따를 때에는 상대가 술잔을 들었을 때, 따라야 합니다.

비즈니스 식사 자리, 너무 어렵게 생각하지 말고 '상대방을 어떻게 존중할 수 있을까?'를 먼저 생각한다면 조금 더 쉽게 다가갈 수 있을 겁니다. 사람의 진심은 항상 전해지니까 말이에요.

Q₁ 상대방에게 사과할 때, 어떻게 말할까요?

· 화내서 미안해.

_____

Q₂ '~하면서' 와 같이 동시 동작을 말할 땐 어떤 표현을 사용할까요?

· 영화를 보면서 과자를 먹는다.

_____

Q₃ 주어진 어휘에 해당하는 뜻을 알맞게 연결하세요.

1 あやまる　·

· a 잃어버리다

2 わすれる　·

· b 사과하다

3 おこる　·

· c 생각하다

4 かんがえる　·

· d 화내다

Q_4 빈칸에 들어갈 알맞은 말을 고르세요.

1 きにする_____。신경 쓰지 마.

    a. で   b. は   c. な   d. て

2 あなた_____ために準備しました。당신을 위해 준비했습니다.

    a. の   b. に   c. は   d. が

3 歩き_____電話をします。걸으면서 전화를 합니다.

    a. いて   b. ながら   c. から   d. まで

Q_5 앞에서 배운 어휘로 직접 문장을 만들어 봅시다.

1 어제, 엄마한테 화내서 미안해.

_____

2 당신과 이야기하기 위해서 왔습니다.

_____

3 계속 신경이 쓰여서… 미안합니다.

_____

4 놀면서 공부를 합니다.

_____

251

궁금한데 잘 알려주지 않는 일본어

Q だいじょうぶ(大丈夫)는 사과했을 때 괜찮다고 할 때만 쓰나요?

A　だいじょうぶ(大丈夫)는 원래 '걱정 없음, 틀림없음'이라는 뜻을 가지고 있습니다. 그래서 누군가 사과할 때, '걱정 없다'고 대답할 때 사용할 수 있습니다. 하지만, 완곡하게 거절할 때에도 사용할 수 있습니다. 누군가가 호의로 무언가를 베풀 때, 거절의 의미로 '괜찮습니다' 할 때에도 だいじょうぶ를 사용할 수 있습니다. 혹은 반대로 '무언가를 해도 괜찮다'는 허가의 의미로도 だいじょうぶ를 사용하기도 합니다. だいじょうぶ는 여러 가지 상황에서 다양한 해석이 가능합니다.

Q '생각하다'라는 뜻의 **おもう(思う)**와 **かんがえる(考える)**는 차이가 뭔가요?

A　둘 다 '생각하다'라는 뜻이지만 おもう는 감정적이고 자발적인, 자신의 주관적인 의견과 관련된 것들을 생각할 때 사용하는 표현입니다. 반면에 かんがえる는 머리의 작용, 논리적인 고민이 필요한 상황에 주로 사용합니다. 예를 들어, 어떠한 사람에 대해서 생각하는 것은 주관적인 이해를 바탕으로 하기 때문에 おもう를 사용하며 어려운 문제를 생각하거나 시험문제에 대해 생각하는 사고의 영역에서는 かんがえる를 씁니다.

부록

정답

Q1 おなかすいた。

Q2 いただきます。／ ごちそうさまでした。

Q3 1 b 2 d 3 a 4 c

Q4 1 b 2 d 3 a

Q5 1 おいしそうなにおい！いただきます。
2 おかげさまで。ごちそうさまでした。
3 おなかすいた。きょうのひるごはんはなんですか。
4 もうおなかいっぱいです。

Q1 これ、どうですか。

Q2 このラーメンはしょっぱい。／ あのりんごはあまいです。

Q3 1 c 2 d 3 b 4 a

Q4 1 a 2 c 3 d

Q5 1 それ、あぶらっこいです。
2 おいしいですね。やわらかくないですか？
3 おいしいけどちょっとしぶいです。
4 まずすぎです。

Q1 日本りょうりの中で何がすきですか。

Q2 わたしはすしがいちばんすきです。

Q3 1 b 2 a 3 d 4 c

Q4 1 b 2 d 3 a

Q5 1 あなたはちゅうごくりょうりがすきですか。
2 いいえ、ちゅうごくりょうりはあまりすきではありません。
3 ビールとワインのなかでなにがすきですか。
4 ビールよりワインのほうがすきです。

Q1 やくそくじかんは何時^{なんじ}ですか。

Q1 やくそくじかんは何時ですか。

Q2 いまははちじさんじゅうはっぷんです。

Q3 ①d ②a ③b ④c

Q4 ①a ②b ③c

Q5 ① いまはなんじなんぷんですか。
② いまはよじごじゅうななふんです。
③ かいしゃはごぜんじゅうじからごごしちじまでです。
④ じゅうにじじゅうごふんまえです。

Q1 きょうはなんようびですか。

Q2 きょうはどようびです。

Q3 ①a ②c ③b ④d

Q4 ①d ②b ③b

Q5 ① あなたのやすみはいつからいつまでですか。
② かようびからどようびまでです。
③ らいしゅうのすいようびはやすみです。
④ しゅうまつのけいかくはなに？

Q1 あなたのたんじょうびは何月何日^{なんがつなんにち}ですか。

Q1 あなたのたんじょうびは何月何日ですか。

Q2 わたしのたんじょうびは０がつ０にちです。

Q3 ①d ②c ③b ④a

Q4 ①c ②b ③a

Q5 ① あなたのたんじょうびはなんがつなんにちですか。
② わたしのたんじょうびはくがつふつかです。
③ はたち、おめでとうございます。
④ ことし、おいくつですか。

Q1 わたし、しんぱいがあります。

Q2 元気だしてください。 / だいじょうぶです。

Q3 ① b ② c ③ a ④ d

Q4 ① a ② b ③ c

Q5 ① わたしはなやみがない。
② もしかしてさいきんしんぱいでもありますか。
③ いえのまえにいぬがいます。
④ だいじょうぶです。げんきだしてください。

Q1 しゅうまつに何をするつもりですか。

Q2 あしたはともだちとあそぶつもりです。

Q3 ① c ② a ③ b ④ d

Q4 ① b ② d ③ a

Q5 ① らいしゅうからなつやすみですか。
② あしたからダイエットするつもりです。
③ こんしゅう、なにかけいかくありますか。
④ えいがをみるよていです。

Q1 きのう、何をしましたか。

Q2 きょうは映画を見ました。

Q3 ① a ② c ③ d ④ b

Q4 ① d ② a ③ d

Q5 ① きのう、ひさしぶりにおさけをのんだ。
② ゲームをしませんでしたか。
③ せんしゅう、かれしとおいしいごはんをたべました。
④ あなたはげいのうじんにあったことがありますか。

10강	Q1	ここにかいてくださいませんか。
	Q2	ありがとうございます。 / どうも。
	Q3	① d ② a ③ c ④ b
	Q4	① a ② d ③ b
	Q5	① すみませんが、こちらへきてくださいますか。
		② まどちょっとしめてください。
		③ ここをきれいにしてください。
		④ それをちょっともってきてもらえませんか。

11강	Q1	まちがにぎやかになった。
	Q2	おいしくしてください。
	Q3	① b ② a ③ d ④ c
	Q4	① c ② b ③ b
	Q5	① ラーメンがうどんになった。
		② キムチがおいしくなった。
		③ やさいがいろいろあるからいいですね。
		④ かいしゃがきれいになりました。

12강	Q1	はしでたべものをわたさないでください。
	Q2	それ、ちょうだい。
	Q3	① b ② a ③ d ④ c
	Q4	① b ② c ③ b
	Q5	① ごはんをたべるときにはテレビをみないでください。
		② ひとりでいかないでくださいませんか。
		③ たべものをおとさないで。
		④ すみません。わかりませんでした。

Q1 中村さんはうんどうせんしゅじゃありません。
(なかむら)

Q2 あのひとについてしってますか。

Q3 ①d ②a ③c ④b

Q4 ①b ②d ③b

Q5 ① あのげいのうじんしってる?
② しりません。だれですか。
③ かぞくについてはなしています。
④ このごろアイドルについてはよくわかりません。

Q1 これはいくらですか。

Q2 さんまんごせんえんです。

Q3 ①c ②d ③b ④a

Q4 ①a ②b ③d

Q5 ① ケーキふたつでいくらですか。
② ぜんぶでさんまんはっせんウォンです。
③ べつべつにかいけいしてください。
④ りょうしゅうしょうおねがいします。

Q1 いっしょにまとう。

Q2 ここでタバコをすってはならないです。

Q3 ①b ②d ③a ④c

Q4 ①b ②c ③d

Q5 ① きょうはラーメンをたべようとおもっている。
② らいねん、にほんへいこうとおもっています。
③ いっしょにケーキたべよう!
④ まだはじめてはいけません。

Q1 ラーメンがたべたい。
Q2 新^{あたら}しくできたうどん屋^や
Q3 ① a ② c ③ d ④ b
Q4 ① c ② d ③ b
Q5 ① にほんへいきたい
② かんこくのえいががみたいです。
③ わたしはあさごはんはたべたくなかった。
④ きのう、ビールがのみたかったです。

Q1 わたしは日本語^{にほんご}ができます。
Q2 すごいですね。
Q3 ① b ② a ③ c ④ d
Q4 ① c ② a ③ d
Q5 ① これ、たべられますか。
② ちゅうごくごではなすことができます。
③ こちらへいけますか。
④ わたしはかんじをよむことができません。

Q1 きょうはチキンを食^たべなければならないです。
Q2 ごはんをたべてから会社^{かいしゃ}へいきます。
Q3 ① c ② b ③ d ④ a
Q4 ① c ② a ③ d
Q5 ① きょう、ほんとうにつかれた。
② こんなひはおさけをのまなければならない！
③ あしたははやくおきなければならないです。
④ やくそくをまもらなければなりません。

Q1 かぎをわすれてしまった。

Q2 授業がいまはじまったばかりです。
_{じゅぎょう}

Q3 １ b ２ c ３ a ４ d

Q4 １ b ２ a ３ d

Q5 １ アイスクリーム、ぜんぶたべちゃった。

２ ぜんぶともだちにはなしてしまいました。

３ これをぜんぶかっちゃったんだ。

４ ドラマがおわったばかりです。

Q1 おこってごめん。

Q2 映画を見ながらおかしをたべる。
_{えいが} _み

Q3 １ b ２ a ３ d ４ c

Q4 １ c ２ a ３ b

Q5 １ きのう、おかあさんにおこってごめん。

２ あなたとはなすためにきました。

３ ずっときになって。。。ごめんなさい。

４ あそびながらべんきょうをします。